- *Deset pošasti*

# *Život u* neposlušnosti
## *i*
# *Život u* poslušnosti

Dr. Džerok Li (Jaerock Lee)

„ *'Jer ja znam misli koje mislim za vas,'*
*govori GOSPOD,*
*'misli dobre a ne zle,*
*da vam dam posledak kakav čekate.'*"
(Jeremija 29:11)

**Život u neposlušnosti i život u poslušnosti** Dr. Džerok Li
Objavile Urim knjige (Predstavnik: Seongnam Vin)
73, Yeouidaebang-ro 22-gil, Dongjak-gu, Seul, Koreja
www.urimbooks.com

Sva prava su zadržana. Ova knjiga ili njeni pojedini dijelovi ne smiju biti reprodukovani u bilo kojoj formi, ili biti smješteni u bilo kom renta sistemu, ili biti transmitovana bilo kojim načinom, elektronski, mehanički, fotokopiranjem, snimanjem, ili slično, bez prethodnog pismenog ovlašćenja izdavača.

Autorska prava © 2018 od strane dr. Džeroka Lija
ISBN (Međunarodni standardni broj knjige):
979-11-263-0522-3 03230
Prevodilačka Autorska Prava © 2015, dr. Ester K. Čung (Dr. Esther K. Chung). Korišćeno uz dozvolu

Prethodno objavila na korejskom jeziku Urim knjige u 2007.g.

*Prvo izdanje, Januara 2020.*

Uredila dr. Geumsun Vin
Dizajnirao urednički biro Urim Books
Štampa Prione Printing
Za više informacija kontaktirajte na urimbook@hotmail.com

# Predgovor

Građanski rat u Sjedinjenim Državama dostigao je vrhunac kada je 16. predsjednik Abraham Linkoln proglasio dan molitvenog posta 30. aprila 1863. godine.

„Današnje strašne nepogode mogu biti kazna za grijehove naših očeva. Mi smo bili isuviše ponosni na naše uspjehe i bogatstva. Mi smo bili toliko ponosni da smo zaboravili da se molimo Bogu koji nas je stvorio. Mi moramo priznati grijehove naše nacije i da tražimo Božju milost sa poniznim stavom. Ovo je dužnost građana Sjedinjenih Američkih Država."

Kao što je veliki vođa predložio, mnogi Amerikanci nisu jeli jedan dan i ponudili su molitveni post.

Linkoln se ponizno molio Bogu i spasio je Sjedinjene Američke Države od raspadanja. U stvari, mi možemo da pronađemo sve odgovore na probleme u Bogu.

Jevanđelje je propovjedano od mnogih svještenika kroz vijekove, ali mnogi ljudi nisu slušali riječ Božju govoreći da bi radije vjerovali u sebe.

Danas, postoje mnoge neobične promjene temperatura u prirodne nepogode koje se dešavaju širom svijeta. Čak i sa razvojem u medicini, postoje nove bolesti otporne na liječenje koje postaju mnogo zarazne.

Ljudi mogu da imaju povjerenje u sebe. Ljudi mogu sebe da udalje od Boga, ali kada mi pogledamo unutra na njihov život, mi ne možemo da govorimo o tome a da ne spominjemo riječi kao što su uznemirenost, bol, siromaštvo i bolest.

U jednom danu osoba može da izgubi svoje zdravlje. Neki ljudi gube svoje drage članove porodice ili gube svo svoje bogatstvo zbog nesreća. Drugi će možda imati mnogo poteškoća u svom poslovanju ili na svojim radnim mjestima.

Oni će možda uzvikivati: „Zašto su ove stvari morale meni da se dogode?" Ali, oni ne znaju izlaz. Mnogi vjernici pate od testova i iskušenja i ne znaju izlaz iz toga.

Ali, sve ima svoj uzrok. Svi problemi i teškoće takođe imaju svoje uzroke.

Deset pošasti nanešene Egiptu i pravila za Pashu zapisana u Knjizi Izlazka, daju ključ riješenja za sve vrste problema sa kojima se čovječanstvo susreće na zemlji danas.

Egipad se duhovno odnosi na zemlju i lekcija iz Deset pošasti na Egipat se primjenjuje prema svima širom svijeta čak i danas. Ali mnogi ljudi ne razumiju volju Božju sadržanu u Deset pošasti.

Pošto Biblija ne govori da je to „Deset pošasti," neki ljudi govore da su to jedanaest i čak i dvanaest pošasti.

Ranije mišljenje uključuje slučaj pretvaranja stvari Arona u zmiju. Ali ne postoji zaista bilo koja šteta u gledanju zmije, tako da je to, u smislu teško da se zaključi kao jedno od pošasti.

Ali zato što zmija u pustinji ima veoma jak otrov da ubije bilo koju osobu jednom zalogaju, neko će se osjećati ugroženo samo kada ugleda zmiju. Zbog toga neki ljudi zaključuju da je to jedan od pošasti.

Kasnije mišljenje uključuje slučaj u pretvaranju stvari u zmiju i takođe i smrt Egipatskih vojnika u Crvenom moru. Pošto ljudi Izraela još nisu prešli Crveno more u tom trenutku, oni uključili ovaj incident i govorili su da je postojalo dvanaest pošasti. Ali važna stvar nije u brojanju pošasti već duhovno značenje proviđenja Božjeg koje ono sadrži.

U ovoj knjizi su prikazani, u kontrastu, život Faraona koji se nije pokorio riječi Božjoj i život Mojsija koji je vodio pokoran život. Ona takođe sadrži ljubav Božju koji sa Njegovim bezgraničnim saosjećanjem nama dozvoljava da spoznamo put spasenja kroz proslavu Pashe, zakonu obrezivanja i značenje Praznika prijesnih hljebova.

Faraon je bio svjedok Božje moći ali opet se nije Njemu pokorio i pao je u nepovratno stanje. Ali izraelci su bili bezbjedni od svih nesreća jer su se pokorili.

Razlog zašto nam Bog govori o Deset pošasti je da bi mi razumijeli zašto nam se testovi i iskušenja događaju, kako bi mogli da riješimo životne probleme i vodili slobodan život od bilo kojih nesreća.

Šta više, govorivši nam o blagoslovima koji će nam doći ako se pokorimo, On želi da mi posjedujemo nebesko kraljevstvo kao Njegova djeca.

Oni koji pročitaju ovu knjigu moći će da pronađu ključ u rješavanju životnih problema. Oni će osjetiti prigušenog duha kao kada osjete slatku kišnicu posle duge suše i biće vođeni na put odgovora i blagoslova.

Ja se zahvaljujem Geumsun Vin, direktorki izdavačkog biroa i svim radnicima koji su učinili ovo izdanje mogućim. Ja se molim u ime Gospoda Isusa Hrista da svi čitaoci vode pokorana život kako bi mogli da dobiju nevjerovatnu ljubav i blagoslove Božje.

Jul 2007.

*Jaerock Lee*

# Sadržaj

Predgovor

***O životu u neposlušnosti*** · 1

Poglavlje 1
Deset pošasti poslatih na Egipat · 3

Poglavlje 2
Život u neposlušnosti i pošasti · 19

Poglavlje 3
Pošasti: pretvaranje vode u krv, žabe i komarci · 31

Poglavlje 4
Pošasti: obadi, pomor stoke i kožne bolesti · 47

Poglavlje 5
Pošasti: grad, oluja i skakvci · 63

Poglavlje 6
Pošasti tama i smrt prvorođenčadi · 75

*O životu u poslušnosti* · **87**

Poglavlje 7
Pasha (Jevrejski uskrs) i put spasenja · **89**

Poglavlje 8
Obrezivanje i Sveto pričešće · **103**

Poglavlje 9
Izlazak i gozba prijesnim (beskvasnim) hljebom · **119**

Poglavlje 10
Život u poslušnosti i blagoslovi · **131**

# O životu u *neposlušnosti*

Ali ako ne uzaslušaš
glas GOSPODA Boga svog da držiš
i tvoriš sve zapovesti Njegove
u uredbe Njegove, koje ti ja danas zapovijedam,
doći će na tebe sve ove kletve
i stignuće te:
„Proklet ćeš biti u gradu,
i proklet ćeš biti u polju.
Prokleta će biti kotarica tvoja i naćve tvoje.
Proklet će biti plod utrobe tvoje
i plod zemlje tvoje,
mlad goveda tvojih i stada ovaca tvojih.
Proklet ćeš biti kad dolaziš,
i proklet ćeš biti kad polaziš"
(Ponovljeni Zakon 28:15-19).

# Poglavlje 1

## Deset pošasti poslatih na Egipat

## Izlazak 7:1-7

*I GOSPOD reče Mojsiju: „Evo, postavio sam te da si Bog Faraonu a Aron brat tvoj biće prorok tvoj. Govorićeš sve što ti zapovijedim; Aron, pak, brat tvoj govoriće Faraonu da pusti sinove Izrailjeve iz zemlje svoje. A Ja ću učiniti da otvrdne srce Faraonu, te ću umnožiti znake Svoje i čudesa Svoja u zemlji misirskoj. I neće vas ipak poslušati Faraon; a Ja ću metnuti ruku Svoju na Misir i izvešću vojsku Svoju, narod Svoj, sinove Izrailjeve iz zemlje misirske sudovima velikim. I poznaće Misirci da sam Ja GOSPOD, kad dignem ruku Svoju na Misir i izvedem sinove Izrailjeve između njih." I učini Mojsije i Aron, kako im zapovijedi GOSPOD, tako učiniše. A Mojsiju bijaše osamdeset godina, a Aronu osamdeset i tri godine, kad govorahu s Faraonom.*

Svako ima pravo da bude srećan ali zapravo ne osjećaju se mnogi ljudi zaista srećno. Naročito u današnjem svijetu koji je prepun različitih nesreća, bolesti i zločina veoma je teško da se garantuje nečija sreća.

Ali postoji neko ko želi da mi iskusimo sreću više nego bilo ko drugi. To je naš Otac Bog koji nas je stvorio. U srcima većine roditelja postoji želja da pruže svojoj djeci sve, bezuslovno, za njihovu sreću. Naš Bog nas voli mnogo više od bilo kojeg roditelja i On želi da nas blagoslovi mnogo više od želje roditelja.

Kako to može ikada Bog da poželi da Njegova djeca bolno pate ili iskuse nevolje? Ništa ne može biti dalje od Božje želje za nas.

Ako mi možemo da razumijemo duhovno značenje i proviđenje Božje u Deset pošasti poslatih Egiptu, mi možemo da razumijemo da je to takođe Božja ljubav. Šta više, mi možemo da otkrijemo put u izbegavanju nesreća. Ali čak i u suočavanju sa nesrećama mi možemo da nađemo i pokazaće nam se izlaz i nastavićemo da idemo na put blagoslova.

Kada se suoče sa nevoljama, mnogi ljudi ne vjeruju u Njega i dalje se žale protiv Boga. Čak i među vjernicima postoje oni koji ne razumiju srce Boga kada se suoče sa poteškoćama. Oni samo gube srce i padaju u očaj.

Jov je bio najbogatiji čovjek na istoku. Ali kada su ga nevolje zadesile, na početku on nije razumio volju Boga. On je govorio kao da je očekivao da ono što mu se dogodilo je moralo da mu se desi. Ovo je opisano u Jovu 2:10. On je rekao da pošto je dobio blagoslove od Boga, postoji šansa da će takođe dobiti i nesreće. Međutim, on je pogriješno razumio da Bog daje blagoslove i nesreće bez uzroka i razloga.

Božje srce za nas nikada nije nevolja već mir. Prije nego što se upustimo u Deset pošasti poslatih Egiptu, hajde da razmislimo o situaciji i okolnostima tog vremena.

## Stvaranje Izraelaca

Izrael je izabran narod Božji. I njihovoj istoriji, mi možemo veoma dobro da pronađemo proviđenje i volju Božju. Izrael je bilo ime dato Jakovu, unuku Avrama. Izrael znači: *„jer si se junački borio i s Bogom i s ljudima, i odoleo si"* (Postanak 32:28).

Isak je rođen Avramu i Isak je imao sinove blizance. To su bili Isav i Jakov. Bilo je to neobično da je drugi sin Jakov držao za petu brata Isava kada su bili rođeni. Jakov je želio da ima pravo kao prvorođeni sin umjesto njegovog starijeg brata Isava.

Zbog toga je Jakov kasnije kupio pravo na prvorodstvo od Isava sa malo hljeba i paprikaša od sočiva. On je takođe prevario svog oca Isaka da bi uzeo blagoslove prvog rođenog sina Isava.

Danas, ljudske misli se mijenjaju mnogo i ljudi ostavljaju nasljedstvo ne samo za sinove već takođe i za svoje kćeri. Ali u prošlosti, prvorođeni sinovi su obično dobijali svo nasljedstvo od svojih očeva. U Izraelu, takođe, ovaj blagoslov za prvog sina je bio veliki.

Biblija nam govori da je Jakov uzeo blagoslove prvog sina na podmukao način, ali je zaista čeznuo da dobije blagoslove od Boga. Sve dok zaista nije dobio blagoslove on je morao da prođe kroz mnogo vrsta poteškoća. On je morao da pobjegne od svog brata. On je služio svom ujaku Labanu dvadeset godina i dok mu je služio on je trpeo česte prevare sa njegove strane.

Kada se Jakov vratio u svoj rodni grad on je bio u životnoj opasnosti zato što je njegov brat još bio ljut na njega. Jakov je morao da prođe kroz ove poteškoće jer je imao lukavu narav da traži sopstvenu prednost ili korist.

Ali zato što se plašio Boga više nego drugi, on je uništio svoj ego i svoje sopstveno „ja" kroz ova vremena u iskušenju. Prema tome, on je na kraju dobio blagoslove Božje i nacija Izraela je bila stvorena kroz njegovih dvanaest sinova.

## Pozadina Izlaska i pojavljivanje Mojsija

Zašto su Izraelci živjeli kao robovi u Egiptu?

Jakov, otac Izraela, pokazao je pristrasnost prema njegovom jedanaestom sinu Josifu. Josif se rodio od Rahilje, žene koju je Jakov najdraže volio. To je donelo zavist kod Josifove polubraće i na kraju, Josifa su braća prodala kao roba u Egiptu.

Josif se plašio Boga i ponašao se časno. On je šetao sa Bogom u svemu i u samo trinaest godina od kada je bio prodat u Egiptu, on je bio vladar poslije kralja nad zemljom Egipta.

Postojala je toliko velika suša na Bliskom istoku a u prilog Josifu, Jakov i njegova porodica se preselila u Egipat. Zato što je Egipat bio spašen od velike suše kroz mudrost Josifa, Faraon i Egipćani su se veoma dobro ponašali prema njegovoj porodici i predali su im zemlju Gosen.

Kako su mnoge generacije prolazile, Izraelci su preovladavali u velikom broju. Egipćani su se osjećali ugroženo. Zato što je bilo stotine godina od kako je Josif umro, oni su već zaboravili milost Josifa.

Poslije svega, Egipćani su počeli da proganjaju Izraelce i načinili su ih robovima. Izraelci su bili primorani da rade težak posao.

Šta više, da bi zaustavio rastući broj Izraelaca, Faraon je zapovjedio jevrejskim babicama da ubiju sve novorođene dječake.

Mojsije, vođa Izlazka, je bio rođen u ovom mračnom dobu.

Njegova majka je vidjela da je lijep i sakrila ga na tri mjeseca. Kada je došlo vrijeme kada više nije mogla da ga krije, ona ga je stavila u korpu u postavila ga među trskom na obali Nila.

U to vrijeme, princeza Egipta sišla je do Nila da se okupa. Ona je vidjela korpu i željela je da uzme i da zadrži bebu. Mojsijeva sestra je primjetila šta se desilo i brzo je preporučila Johavedu, pravu majku Josifa kao babicu. Na ovaj način, Josif je odgajan uz sopstvenu majku.

Sasvim prirodno, on je počeo da uči o Bogu Avramu, Isaku i Jakovu i o Izraelcima.

Rastući u palati Faraona, Mojsije je stekao razne vrste znanja koje će ga pripremiti i osposobiti za vođu. U isto vrijeme on je jasno učio o svom narodu i Bogu. Njegova ljubav za oboje i za Boga i za njegov narod je takođe rasla.

Bog je odabrao Mojsija kao vođu Izlazka i od rođenja on je učio i praktikovao vođstvo i kontrolu.

## Mojsije i Faraon

Jednog dana, došlo je do prekretnice u Mojsijevom životu. On je uvijek brinuo za svoj narod, Jevreje i imao je strepnju nad njihovim mukama i patnjama kao robovi. Jednog dana, on je vidio kako Egipćanin bije Jevreja. On nije mogao da obuzda svoj bijes i ubio je Egipćanina. Na kraju Faraon je čuo o tome i Mojsije je morao da pobjegne od njega.

Mojsije je proveo sljedećih četrdeset godina kao pastir koji je čuvao ovce u Madijamskoj pustinji. Sve ovo je bilo u proviđenju Božjem da bi ga pripremio kao vođu Izlaska. Za vrijeme 40. godina dok je bio pastir i čuvao ovce svoga tasta u pustinji, on je u potpunosti zaboravio vlast kao princ Egipta i postao je veoma ponizan čovjek.

To je bilo samo poslije svega ovoga kada je Bog pozvao Mojsija kao vođu Izlaska.

*A Mojsije reče Bogu: „Ko sam ja da idem k Faraonu i da izvedem sinove Izrailjeve iz Misira?"*
(Izlazak 3:11).

Pošto je Mojsije samo čuvao ovce četrdeset godina, on nije imao ni malo pouzdanja. Bog je takođe znao njegovo srce i On Sam je njemu pokazao mnogo znakova kao što je pretvaranje štapa u zmiju da bi mu dozvolio da ode pred Faraona i da mu dostavi zapovijesti Božje.

Mojsije je sebe u potpunosti ponizio i mogao je da se povinuje zapovjestima Božjim. Ali Faraon je bio za razliku od Mojsija veoma tvrdoglav čovjek očvrslog srca.

Čovjek sa očvrslim srcem se ne menja čak i kada vidi djela Božja. U veoma poznatoj paraboli koju je Isus rekao u Jevanđelju po Mateju 13:18-23, među četiri vrsta polja, očvrslo srce spada u kategoriju „puteljak." Puteljci su veoma čvrsti i tvrdi zato što ljudi hodaju po njemu. Oni koji imaju ovu vrstu srca se ne mijenjaju čak i kada vide djela Božja.

U to vrijeme Egipćani su imali veoma jak i hrabar karakter poput lavova. Njihov vladar, Faraon, imao je apsolutnu moć i sebe je smatrao bogom. Ljudi su mu isto služili kao da je bog.

Mojsije je pričao o Bogu ljudima koji su imali ovu vrstu kulturnog razumijevanja. Oni nisu znali ništa o Bogu o kome je

Mojsije govorio i koji je zapovijedao Faraonu da pusti Izraelce da idu. Njima je bilo svakako teško da slušaju Mojsija.

Oni su uživali u velikoj koristi kroz naporan rad Izraelaca, tako da je to bilo čak i mnogo teže da to prihvate.

Danas takođe, postoje ljudi koji smatraju samo svoje znanje, slavu, vlast i bogatstvo najboljim. Oni traže samo sopstvenu korist i vjeruju samo u svoje sopstvene sposobnosti. Oni su arogantni i njihova srca su čvrsta.

Faraonovo srce i srca Egipćana su bila čvrsta. Tako da se oni nisu povinovali volji Božjoj koju je iznео Mojsije. Oni se nisu povinovali do kraja i na kraju, oni su stavljeni u smrt.

Naravno, čak iako je Faraonovo srce bilo očvrslo, Bog nije dozvolio velike pošasti od početka.

Kao što je rečeno: *„Podatljiv je i milosrdan Gospod, dugo trpi i velike je milosti"* (Psalmi 145:8), Bog im je pokazao Njegovu moć mnogo puta kroz Mojsija. Bog je želeo da oni Njega prepoznaju i da se Njemu povinuju. Ali Faraon je očvrsnuo srce čak i još više.

Bog, koji vidi srce i misli svake osobe, rekao je Mojsiju i dao mu da sazna sve što će On učiniti.

*A Ja ću učiniti da otvrdne srce Faraonu, te ću umnožiti znake Svoje i čudesa Svoja u zemlji misirskoj. I neće vas ipak poslušati Faraon; a Ja ću metnuti ruku Svoju na Misir i izvešću vojsku Svoju, narod Svoj, sinove Izrailjeve iz zemlje misirske sudovima velikim. I poznaće Misirci da sam Ja GOSPOD, kad dignem ruku Svoju na Misir i izvedem sinove Izrailjeve između njih* (Izlazak 7:3-5).

## Faraonovo očvrslo srce i Deset pošasti

Za vrijeme cijelog procesa Izlazka, mi možemo da pronađemo mnogo puta izraz: *„GOSPOD će učiniti da otvrdne srce Faraonu"* (Izlazak 7:3).

Bukvalno, izgleda da je Bog očvrsnuo Faraonovo srce namjerno i neko će pogriješno misliti da je Bog kao diktator. Ali to nije istina.

Bog želi da svako dostigne spasenje (1. Poslanica Timotejeva 2:4). On želi da čovjek sa čak i najčvršćim srcem razumije istinu i da dostigne spasenje.

Bog je Bog ljubavi; On nikada neće namjerno da očvrsne Faraonovo srce kako bi otkrio Njegovu slavu. Takođe, kroz činjenicu da je Bog više puta slao Mojsija kod Faraona, mi možemo da razumijemo da Bog želi da Faraon i svako drugi promjeni svoje srce i da se Njemu povinuje.

Bog sve radi po redu, u ljubavi i u okvirima pravde, prateći riječ iz Biblije.

Ako mi činim o zlo i ne slušamo riječ Božju, neprijatelj

đavo će nas napasti. Zbog toga se mi suočavamo sa testovima i iskušenjima. Oni koji se pokoravaju riječi Božjoj i žive u pravednosti primiće blagoslove.

Ljudi biraju svoja djela sa svojom sopstvenom voljom. Bog ne određuje ko će dobiti blagoslove a ko neće. Da Bog nije Bog ljubavi i pravde, On bi pogodio Egipat sa velikim pošastima odmah na početku da bi natjerao Faraona da se pokori.

Bog ne želi „prisiljenu pokornost" koja dolazi od straha. On želi da ljudi otvore svoja srca i da Njemu pokore sa svojom sopstvenom voljom.

Prvo, On nam daje da znamo Njegovu volju i On pokazuje Njegovu moć kako bi mogli da se povinujemo. Ali kada se mi ne povinujemo, On nam daje manje nesreće da bi nas doveo do toga da steknemo razumijevanje i da nas izazove da se pronađemo.

Svemogući Bog zna srca ljudi; On zna kada su otkrivena zla i kako možemo da ih odbacimo i kako da dobijemo rješenja na naše probleme.

Čak i danas On nas vodi na najbolji put i iskazuje nam najbolje metode da bi nam dozvolio da stanemo naprijed kao sveta djeca Božja.

S vremena na vrijeme, On nam dozvoljava testove i iskušenja koja mi možemo da prevaziđemo. To je put za nas da pronađemo zlo u nama i da ga odbacimo. Kako naše duše napreduju, On dozvoljava da nam sve dobro ide i daje nam dobro zdravlje.

Faraon nije odbacio svoje zlo, međutim kada je bilo otkriveno. On je očvrsnuo svoje srce i nastavio je da se ne pokorava riječi

Božjoj. Zato što je Bog znao za ovo srce Faraona, On je dozvolio da ovo očvrslo srce Faraona bude otkriveno kroz pošasti. Zbog toga Biblija govori: „GOSPOD će učiniti da otvrdne srce Faraonu."

„Da otvrdne srce" uopšteno znači da je nečiji karakter probirljiv i tvrdoglav. Ali očvrslo srce iz Biblije koje se odnosi na Faraona nije samo nepobožno nepovinovanje Božjoj riječi već je takođe i ustajanje protiv Boga.

Kao što je ranije spomenuto, Faraon je živio veoma samo-orijentisanim životom, čak je sebe i smatrao bogom. Svi ljudi su se njemu pokoravali i nije imao čega da se plaši. Da je imao dobro srce, on bi vjerovao u Boga kada je vidio moćna djela manifestovana kroz Mojsija, čak iako je znao o Bogu ranije.

Na primjer, Navuhodonosor iz Vavilona koji je živio od 605. godine pa do 562. godine prije Hrista, nije znao za Boga, ali kako je svjedočio o moći Božjoj manifestovane kroz Danilova tri prijatelja Sedraha, Misaha i Advenaga, on je Boga prepoznao.

*„Progovori Navuhodonosor i reče: 'Da je blagosloven Bog Sedrahov, Misahov i Avdenagov, koji posla anđela Svog i izbavi sluge Svoje, koje se u Nj pouzdaše i ne poslušaše zapovijesti careve i dadoše tjelesa svoja da ne bi služili niti se poklonili drugom bogu osim svog Boga. Zato zapovijedam da se svaki kog mu drago naroda i plemena i jezika,*

*koji bi pohulio na Boga Sedrahovog, Misahovog i Avdenagovog, da se isječe i kuća da mu bude bunjište, jer nema drugog boga koji može tako izbaviti'"* (Danilo 3:28-29).

Sedah, Misah i Avdenag otišli su u zemlju nejevreja kao zarobljenici u svojim mladim godinama. Ali da bi se povinovali riječi Božjoj, oni se nisu klanjali pred idolima. Oni su bili bačeni u vrelu peć. Ali oni nisu bili povređeni i čak ni dlaka sa glave im nije bila pripisana. Kada je Navuhodonosor svjedočio ovome, on je priznao odmah živog Boga.

On nije samo priznao svemogućeg Boga kada je svjedočio delima Božjim koja prevazilaze bilo kakve ljudske sposobnosti; On je takođe i dao slavu Bogu pred svojim narodom.

Faraon, međutim, nije prepoznao Boga čak i kada je vidio Njegova moćna djela. On je očvrsnuo svoje srce čak i više. Samo nakon što je patio ne samo od jedne ili dvije pošasti već od svih deset pošasti, pustio je Izraelce da idu.

Ali pošto njegovo očvrslo srce u osnovi i dalje nepromjenljivo, on je zažalio što je pustio Izraelce da idu. On ih je jurio sa vojskom i na kraju on i njegova vojska su umrli u Crvenom moru.

## Izraelci su bili pod Božjom zaštitom

Dok je cijela zemlja bila pogođena sa pošastima i iako su

Izraelci bili u istom Egiptu, oni nisu patili od nijedne pošasti. To je zato što je Bog obezbjedio posebnu zaštitu nad zemljom Gosen gdje su Izraelci živjeli.

Ako nas Bog štiti, mi takođe možemo biti bezbedni u velikim nesrećama i nepogodama. Čak iako dobijemo bolest ili se suočimo sa poteškoćama, mi možemo da budemo iscjeljeni i to prevaziđemo uz moć Božju.

To nije zato što su oni imali vjeru i što su bili pravedni da su Izraelci bili zaštićeni. Oni su bili zaštićeni sa činjenicom da su izabran narod od Boga. Za razliku od Egipćana, oni su tražili Boga u svojim patnjama i zato što su ga prepoznali, oni su mogli da budu pod Njegovom zaštitom.

Na isti način, čak iako i dalje imamo neki oblik zla, samo sa činjenicom da smo postali Božje dijete mi možemo da budemo zaštićeni od nesreća koje pogađaju nevjernike.

To je zato što nam je oprošteno od naših grijehova sa krvlju Isusa Hrista i zato što smo postali Božja djeca; prema tome, mi nismo više djeca đavola koji nam donosi iskušenja i nevolje.

Šta više, kako naša vjera raste, mi održavamo Gospodnji dan svetim, odbacujemo zlo, pokoravamo se riječi Božjoj i zbog toga mi možemo da dobijemo Božju ljubav i blagoslove.

*Sada, dakle, Izrailju, šta ište od tebe GOSPOD Bog tvoj, osim da se bojiš GOSPODA Boga svog, da hodiš po svim putevima Njegovim i da Ga ljubiš i služiš GOSPODU Bogu svom iz sveg srca svog i iz sve duše svoje, držeći zapovjesti GOSPODNJE i uredbe Njegove, koje ti ja danas zapovijedam, da bi ti bilo dobro?* (Ponovljeni Zakon 10:12-13).

Poglavlje 2

# Život u neposlušnosti i pošasti

## Izlazak 7:8-13

*I reče GOSPOD Mojsiju i Aronu govoreći: „Kad vam kaže Faraon i reče: 'Učinite kako čudo', onda reci Aronu: 'Uzmi štap svoj, i baci ga pred Faraona; te će se premjetnuti u zmiju.'" I izađoše Mojsije i Aron pred Faraona i učiniše kako zapovijedi GOSPOD; i baci Aron štap svoj pred Faraona i pred sluge njegove, i premjetnu se u zmiju. A Faraon dozva mudrace i vračare; te i vračari misirski učiniše tako svojim vračanjem. I baciše svaki svoj štap, i premjetnuše se štapovi u zmije. Ali štap Aronov proždre njihove štapove. I otvrdnu srce Faraonovo, i ne posluša ih, kao što bijaše kazao Gospod.*

Karl Marks je odbacio Boga. On je osnovao komunizam na osnovu materijalizma. Njegova teorija je rezultirala da brojni ljudi napuste Boga. Izgledalo je da će cio svijet uskoro usvojiti komunizam. Ali komunizam se srušio u roku od 100. godina. Baš kao u padu komunizma, Marks je patio u takvim stvarima u svom ličnom životu kao što je stanje mentalne nesigurnosti i rane smrti njegove djece.

Fridrih Vilhelm Niče (Friedrich W. Nietzsche), koji je rekao *Bog je mrtav*, uticao je na mnoge ljude da stanu protiv Boga. Ali uskoro, on je postao ljutit čovjek zbog straha i na kraju se suočio sa tragičnim krajem.

Mi možemo da vidimo da oni koji stanu protiv Boga i koji se ne pokoravaju Njegovoj riječi, pate od teškoća koja su kao pošasti i žive veoma mizernim životom.

## Razlika između pošasti, iskušenja, testova i nevolja

Bilo da su vjernici ili ne, mnogi ljudi će se možda suočiti sa problemima u svojim životima. To je zato što su naši životi u proviđenju Božjem ljudske kultivacije stvoreni da okupe iskrenu djecu.

Bog nam daje samo dobre stvari. Ali pošto je grijeh ušao u ljude zbog Adamovog grijeha, ovaj svijet je postao pod kontrolom neprijatelja đavola i Sotone. Od tog vremena pa nadalje, ljudi su počeli da pate od raznih poteškoća i tuge.

Zbog mržnje, ljutnje, arogancije i preljubničkih misli ljudi dolaze do toga da počine grijehove. U skladu sa ozbiljnosti grijeha, oni počinju da pate od svih vrsta testova i iskušenja koje im je nanio neprijatelj đavo i Sotona.

Kada se suoče sa veoma teškim situacijama, ljudi govore da je to katastrofa. Takođe, kada se vjernici suoče sa teškim situacijama, oni često koriste izraz „test," „nevolja" ili „iskušenje."

Biblija takođe govori: „*Ne samo, pak, to nego se hvalimo i nevoljama, znajući da nevolja trpljenje gradi; A trpljenje iskustvo, a iskustvo nadanje*" (Poslanica Rimljanima 5:3-4).

U skladu sa tim da bilo da neko živi ili ne u istini i u skladu sa tim kolika je mjera vjere svakoga od nas, one mogu biti nazvane katastrofe ili pošasti, testovi ili nevolje.

Na primjer, ako čovjek ima vjeru ali ne čini u skladu sa riječju koju sluša sve vrijeme, Bog ne može da ga zaštiti od patnji u mnogim različitim nevoljama. Ovo može biti nazvano „nevolja." Šta više, ako on zaboravi na svoju vjeru i čini u neistini, on će patiti u pošastima ili katastrofama.

Takođe, pretpostavimo da osoba sluša riječ i pokušava da je praktikuje ali ne živi trenutno u potpunosti po riječi. Onda, mi moramo da imamo proces u borbi protiv njegove griješne prirode. Kada se čovjek susreće sa mnogim vrstama teškoća da se bori protiv grijehova do tačke prolivanja krvi, Biblija govori da on pati u iskušenjima ili je disciplinovan. Naime, mnoge vrste teškoća sa kojima se susreće su nazvane „iskušenja."

Takođe, „test" je slučaj da bi provjerili koliko je nečija vjera narasla. Prema tome, onima koji pokušavaju da žive po riječi, postoje iskušenja i testovi koji im slijede. Ako se osoba udalji od istine ili naljuti Boga, on će patiti od „nevolja" ili „pošasti."

## Uzroci pošasti

Kada osoba namjerno čini grijehove, Bog mora da okrene Njegovo lice od njega. Onda, neprijatelj đavo i Sotona mogu njemu da donesu pošasti. Pošasti dolaze do mjere da osoba odbija da se povinuje riječi Božjoj.

Ako se on ne okrene i nastavi da griješi čak i nakon što je patio u pošastima, on će patiti od još veće pošasti kao što je to bio slučaj sa Deset pošasti Egipta. Ali ako se pokaje i okrene, pošasti će nestati uskoro uz milost Boga.

Ljudi pate od pošasti zbog svog sopstvenog zla, ali mi možemo da nađemo dvije grupe ljudi među onima koji pate.

Jedna grupa dolazi do Boga i pokušava da se pokaje i okrene kroz pošasti. Sa druge strane druga grupa se i dalje žali pred Bogom govoreći: „ja revnosno posjećujem crkvu, molim se i prinosim ponude i zašto bi trebao da patim od takve pošasti?"

Rezultat će se u potpunosti razlikovati jedno od drugoga. U ranijem slučaju, pošast će biti uzeta i Božja milost će pasti na njih. Ali u kasnijem, oni ne shvataju problem tako da veća pošast će im se dogoditi.

Do mjere da čovjek ima zlo u srcu biće teško za njega da

prepozna svoju grešku i da se okrene. Takva osoba ima očvrslo srce jer ne otvara vrata srca nakon što sluša jevanđelje. Čak i da dođe do vjerovanja, on ne uspijeva da razumije riječ Božju; on samo posjećuje crkvu ali sebe ne mijenja.

Prema tome, ako vi patite od pošasti, vi treba da razumijete da je tu postojalo nešto što je neprikladno u Božjim očima i da se brzo okrenete i pobjegnete od pošasti.

## Šanse date od Boga

Faraon je odbio riječ Božju koja mu je kroz Mojsija bila prenesena. On se nije okrenuo kada su ga manje pošasti pogodile tako da je morao da pati od još veće pošasti. Kada je ipak nastavio da čini zlo, njegova cijela zemlja je takođe postala slaba i nije mogla da se oporavi. On je na kraju umro tragičnom smrću. Koliko je on bio budalast!

*A posle izađoše Mojsije i Aron pred Faraona, i rekoše mu: „Ovako veli GOSPOD Bog Izrailjev: 'Pusti narod moj da mi praznuju praznik u pustinji'"* (Izlazak 5:1).

Kada je Mojsije pitao Faraona da pusti Izraelce u skladu sa riječju Božjom, Faraon je odmah odbio.

*Ali Faraon reče: „Ko je GOSPOD da poslušam glas*

*njegov i pustim Izrailja? Ne znam GOSDPODA, niti ću pustiti Izrailja"* (Izlazak 5:2).

*Bog jevrejski srete nas. Molimo ti se da otidemo tri dana hoda u pustinju da prinesemo žrtvu GOSPODU Bogu svom, da ne pošalje na nas pomor ili mač* (Izlazak 5:3).

Kada je Faraon čuo riječ od Mojsija i Arona, on je nerazumno optužio ljude Izraela da su lijeni misleći na nešto drugo što nije njihov posao. On ih je proganjao sa još većim stepenom teškog rada. Izraelci su ranije dobijali slamu da bi pravili cigle a sada su morali da naprave isti broj cigla bez da im je data slama. Nije bilo lako Izraelcima da naprave isti broj cigla koji su trebali čak i sa slamom, ali sada je Faraon prestao da im daje slamu. Mi možemo da vidimo koliko očvrslo srce je Faraon imao.

Kako je njihov težak rad postajao sve teži, Izraelci su počeli da se žale protiv Mojsija. Ali Bog je poslao opet Mojsija kod Faraona da bu pokazao znakove. Bog je davao Faraonu, koji se nije povinovao riječi Božjoj, priliku da se pokaje pokazavši mu Božju moć.

*I izađoše Mojsije i Aron pred Faraona, i učiniše kako zapovijedi GOSPOD; i baci Aron štap svoj pred Faraona i pred sluge njegove, i premjetnu se u zmiju* (Izlazak 7:10).

Kroz Mojsija, Bog je napravio zmiju sa predmetom da bi svjedočio živog Boga Faraonu koji nije poznavao Boga.

Duhovno „zmija" se odnosi na Sotonu i zašto je Bog napravio zmiju od stvari?
Zemlja na kojoj je Mojsije stajao i štap takođe pripadaju ovom svijetu. Ovaj svijet pripada neprijatelju đavolu i Sotoni. Da naznači ovu činjenicu, Bog je napravio zmiju. To je da bi nam rekao da oni koji nisu u pravu prema Bogu će uvijek dobiti djela Sotone.

Faraon je ustao protiv Boga i tako, Bog nije mogao da ga blagoslovi. Zbog toga je Bog načinio da se zmija pojavi, da bi predstavio Sotonu. Bilo je to da naznači da će postojati djela Sotone. Pošasti koje slijede kao što su pošasti krvi, žaba i komaraca su sve učinjene sa djelima Sotone.

Prema tome, pretvaranje štapa u zmiju je nivo u kome se male stvari pretvaraju kako bi oni osjećajni ljudi mogli to da osjete. One mogu biti pripisane i kao neka slučajnost. To je faza u kojoj ne postoji prava šteta. To je prilika data od Boga za nečije pokajanje.

### Faraon dovodi mađioničare u Egipat

Kako je Faraon vidio da Mojsije pretvara štap u zmiju, Faraon je pozvao mudre ljude i čarobnjake Egipta.
Tamo su postojali mađioničari u palati i radili su mnogo

trikova pred kraljem radi zabave. Oni su dostigli poziciju zvaničnika kroz magiju. Takođe, zbog toga što su naslijedili od svojih predaka, oni su u stvari rođeni sa ovom vrstom temperamenta.

Čak i danas, neki mađioničari prolaze kroz veliki Kineski zid ispred mnogo ljudi ili čine da Kip slobode nestane. Takođe, neki ljudi su uvježbavali sebe sa Jogom dugo vremena i prema tome mogu da spavaju na tankoj grani ili da ostanu u kofi mnogo dana.

Neka od ovih mađioničarskih djela samo obmanjuju oči. Ipak, oni sebe uvježbavaju da bi uradili ove nevjerovatne stvari. Onda, koliko moćniji su bili čarobnjaci jer su generacije čarobnjaka izvodili pred kraljem! Naročito, u njihovom slučaju, oni su mogli da razviju sebe da imaju kontakt sa zlim stvarima.

Neki čarobnjaci u Koreji imaju kontakte sa demonima i oni igraju na veoma oštrim dijelovima lomljenog stakla i ni malo se ne povređuju. Čarobnjaci Faraona su takođe imali kontakte sa zlim duhovima i pokazivali su razne vrste nevjerovatnih stvari.

Čarobnjaci Egipta su sebe uvježbavali veoma dugo vremena i kroz iluzije i trikove oni su bacali štapove i činili su da se pojavljuju u obliku zmije.

## Oni koji ne poznaju živog Boga

Kada je Mojsije bacio svoj štap i napravio zmiju, Faraon je

odmah pomislio da Bog postoji i da Bog Izraela jeste pravi Bog. Ali kada je vidio da čarobnjaci prave zmiju, on nije vjerovao u Boga.

Zmije stvorene od čarobnjaka je pojela zmija napravljena od štapa Arona, ali on je samo mislio da je to slučajnost.

U vjeri, ne postoji slučajnost. Ali u slučaju novih vjernika koji su tek prihvatili Gospoda, mogu postojati mnoga djela Sotone da ih ometaju od vjerovanja u Boga. Onda, mnogi ljudi samo misle o tome kao vrsta slučajnosti.

Takođe, neki vjernici koji su tek prihvatili Gospoda dobijaju rješenja na njihove probleme uz pomoć Božju. Najprije, oni prepoznaju moć Božju ali kako vrijeme prolazi, oni samo misle da je to slučajnost.

Baš kao što je Faraon svjedočio djelima Božjim u pretvaranju štapa u zmiju, ali nije prepoznao Boga, postoje ljudi koji ne prepoznaju živog Boga već umjesto toga smatraju da je to bila slučajnost čak iako su iskusili djela Božja.

Neki ljudi vjeruju u Boga u potpunosti samo kada jednom iskuse Božja djela. Neki drugi najprije prepoznaju Boga ali kasnije, oni misle da su problemi riješeni sa njihovom sopstvenom sposobnošću, znanjem, iskustvom ili uz pomoć komšija i odnose se prema Božjim djelima kao da je to slučajnost.

Prema tome, Bog ne može a da ne okrene Njegovo lice od njih. Kao posljedica toga, problemi koji su nekada bili riješeni će se možda opet pojaviti.

U slučaju bolesti koja je iscjeljena, može se opet javiti ili može čak postati još više ozbiljnija. U slučaju problema u poslovanju, veći problemi mogu narasti nego ranije.

Ako se mi odnosimo na Božji odgovor kao na slučajnost, to će nas povesti da budemo još udaljeniji od Boga. Onda, isti problem može ponovo da se javi ili ćemo možda pasti u još težu situaciju.

Na isti način, zato što je Faraon smatrao djela Božja kao samu slučajnost, on je sada počeo da pati od pravih pošasti.

*I otvrdnu srce Faraonovo, i ne posluša ih, kao što biješe kazao Gospod* (Izlazak 7:8-13).

# Poglavlje 3

## Pošasti: pretvaranje vode u krv, žabe i komarci

## Izlazak 7:20-8:19

*I učiniše Mojsije i Aron kako im zapovijedi GOSPOD. I podigavši Aron štap svoj udari po vodi koja bijaše u rijeci pred Faraonom i slugama njegovim i sva voda što bijaše u rijeci premjetnu se u krv (Izlazak 7:20).*

*I reče GOSPOD Mojsiju: „Kaži Aronu: 'Pruži ruku svoju sa štapom svojim na rijeke i na potoke i na jezera, i učini nek izađu žabe na zemlju misirsku.'" I pruži Aron ruku svoju na vode misirske, i izađoše žabe i pokriše zemlju misirsku (8:5-6).*

*A GOSPOD reče Mojsiju: „Kaži Aronu: 'Pruži štap svoj, i udari po prahu na zemlji, nek se pretvori u uši po svoj zemlji misirskoj.'" I učiniše tako; Aron pruži ruku svoju sa štapom svojim, i udari po prahu na zemlji, i postaše uši po ljudima i po stoci. Sav prah na zemlji pretvori se u uši po cijeloj zemlji misirskoj (8:16-17).*

*I rekoše vračari Faraonu: „Ovo je prst Božji." Ali opet otvrdnu srce Faraonu, te ih ne posluša kao što biješe kazao GOSPOD (8:19).*

Bog je rekao Mojsiju da će se Faraonovo srce stvrdnuti i da će on odbiti da pusti Izraelce da idu čak i nakon što vidi da se štap pretvara u zmiju. Onda, Bog je rekao do detalja šta Mojsije da učini.

*Idi ujutru k Faraonu, gle, on će izaći na vodu, pa stani prema njemu na obali, a štap koji se bio premjetnuo u zmiju uzmi u ruku* (Izlazak 7:15).

Mojsije se susreo sa Faraonom koji je hodao pored Nila. Mojsije je iznio riječ Božju držeći štap koji se pretvorio u zmiju u njegovoj ruci.

*I reci mu [Faraonu]: „GOSPOD Bog jevrejski posla me k tebi da ti kažem: 'Pusti narod moj da mi posluži u pustinji. Ali ti eto još ne posluša.' Zato GOSPOD ovako veli: 'Ovako ćeš poznati da sam ja Gospod: evo, udariću štapom što mi je u ruci po vodi što je u rijeci, i premjetnuće se u krv. I ribe u rijeci pomreće, i reka će se usmrdjeti, i Misirci će se uzmučiti tražeći vode da piju iz rijeke'"* (Izlazak 7:16-18).

## Pošast pretvaranje vode u krv

Voda je nešto što nam je najbliže i što je direktno povezano sa našim životom. Sedamdeset procenata ljudskog tijela sadrži vodu;

ona je apsolutno bitna stvar za sva živa bića.

Danas, uprkos velikom razvijanju svjetske populacije i ekonomskog razvoja, mnoge zemlje pate zbog nedostatka vode. UN su donele „Svjetski dan vode" da bi podsjetile zemlje o značenju vode. To je da bi podsjetila ljude da efikasno koriste ograničene vodene resurse.

U drevnoj Kini, oni su imali ministra za kontrolu vode. Mi možemo lako da vidimo da je voda u cijeloj našoj okolini, ali ponekad ne vidimo koliko je veliki njen relativni značaj u našim životima.

Kakav bi veliki problem nastao kada bi se voda u zemlji pretvorila u krv! Faraon i Egipćani su se susreli sa takvom važnom stvari. Nil se pretvorio u krv.

Ali Faraon je očvrsnuo svoje srce i nije slušao riječ Božju, jer je takođe vidio da njegovi čarobnjaci pretvaraju vodu u krv.

Mojsije mu je pokazao živog Boga ali Faraon je to smatrao za slučajnost i samo je to porijekao. Zbog toga, do mjere da je on imao zlobu, pošast je pala na njega.

Mojsije i Aron su samo činili onako kako im je GOSPOD zapovedio. Po Faraonu i po njegovim slugama, Mojsije je podigao štap i pogodio je vodu koja je bila u Nilu i sva voda koja je bila u Nilu se pretvorila u krv.

Onda, Egipćani su morali da kopaju oko Nila da bi pribavili vodu za piće. Ovo je bila prva pošast.

## Duhovno značenje pošasti pretvaranja vode u krv

Sada, koje je duhovno značenje pošasti u pretvaranju vode u krv?

Veliki dio Egipta je pustinja i divljina. Prema tome, Faraon i njegov narod morali su da pate u velikoj mjeri pošto se njihova voda pretvorila u krv.

Ne samo što je voda za piće već i što je voda za život postala loša, ali takođe su i ribe u vodi umrle i tamo je bio neprijatan miris. Nelagodnost je bila velika.

U ovom smislu pošast pretvaranja vode u krv se odnosila na patnju koja je uzrokovala stvari koje su direktno povezane sa našim svakodnevnim životom. To su stvari koje su iritirajuće i bolne, koje potiču od ljudi koji su nam najbliži u okolini kao što su članovi porodice, prijatelji i kolege.

U odnosu na naš hrišćanski život, ova pošast može biti nešto kao progon ili test koji dolazi od naših najbližih prijatelja, roditelja, rođaka ili komšija. Naravno, sa velikim mjerama naše vjere mi ćemo ih lako prevazići ali oni sa malom vjerom će patiti u velikom bolu za vrijeme progona i testova.

### Iskušenja koja dolaze na one koji imaju zlo

Postoje dvije kategorije kada se suočavamo sa iskušenjima.

Prvo je iskušenje koje dolazi kada mi ne vjerujemo u riječ Božju. U ovo vrijeme, ako se mi brzo pokajemo i odvratimo, Bog će uzeti iskušenje.

Jakovljeva Poslanica 1:13-14 govori: *„Nijedan kad se kuša da ne govori: 'Bog me kuša'; jer se Bog ne može zlom iskušati i On ne kuša nikoga. Nego svakog kuša njegova slast, koja ga vuče i mami."*

Razlog zašto se suočavamo sa iskušenjima je taj što smo mi uvučeni u naše želje i što ne živimo po riječi Božjoj i otuda nam neprijatelj đavo donosi iskušenja.

Drugo, ponekad pokušavamo da budemo vjerni u našim hrišćanskim životima ali se opet suočavamo sa nekim iskušenjima. To su uznemirujuća djela Sotone koja pokušava da nas natjera da napustimo našu vjeru.

Ako mi napravimo kompromis u ovom slučaju, poteškoće će biti još veće i mi nećemo moći da primimo blagoslove. Neki ljudi gube to malo vjere koju su imali i vraćaju se svijetu.

Svakako, oba slučaja se dešavaju zato što imamo zlo u nama. Prema tome, mi treba revnosno da pronađemo zle oblike u nama i da se okrenemo od njih. Mi treba da se molimo sa vjerom i da dajemo zahvalnost. Onda, mi možemo da prevaziđemo iskušenja.

Baš kao što je Mojsijeva zmija progutala zmije čarobnjaka, svijet Sotone je takođe pod kontrolom Boga. Kada je Bog prvo pozvao Mojsija, On mu je pokazao znak u pretvaranju štapa u zmiju i opet nazad zmiju u štap. Ovo simbolizuje činjenicu da čak i kada nas pogode testovi kroz dela Sotone, ako mi pokažemo našu veru oslanjajući se u potpunosti na Boga, Bog će sve povratiti nazad u normalu.

Suprotno tome, ako napravimo kompromis, to nije vjera i mi ne možemo da iskusimo djela Božja. Ako smo mi suočeni sa iskušenjem, mi treba da se oslonimo na Boga u potpunosti i da vidimo djela Božja kako sklanja od nas iskušenja uz Njegovu moć.

Sve pod kontrolom Božjom. Prema tome, bilo da je malo ili veliko u svakoj vrsti iskušenja, ako se oslonimo u potpunosti na Boga i povinujemo se Božjoj riječi, iskušenje neće imati značaja za nas. Bog sam će riješiti problem i povešće nas ka napredovanju u svemu.

Ali važna stvar je to, ako je pošast mala, mi lako možemo da se oporavimo, ali u slučaju velike pošasti, neće biti lako da se potpuno oporavimo. Prema tome, mi uvijek moramo da provjeravamo sebe sa reči istine, odbacimo zle oblike i živimo po riječi Božjoj, kako se ne bi suočili sa nikakvim pošastima.

## Testovi za ljude sa vjerom su zbog namjere blagoslova

Ponekad, postoje izuzetni slučajevi. Čak i oni sa velikom vjerom mogu da se sretnu sa testovima. Apostol Pavle, Avram, Danilo i njegova tri prijatelja i Jeremija, svi su se suočili sa testovima. Čak je i Isus bio tri puta iskušan od đavola.

Slično tome, testovi koji dolaze na one koji imaju vjeru su zbog blagoslova. Ako se oni raduju, daju zahvalnost i oslanjaju u potpunosti na Boga, testovi će se pretvoriti u blagoslove i oni će moći da daju slavu Bogu.

Prema tome, moguće je da će oni koji imaju vjeru da se susretnu sa testovima zato što mogu da dobiju blagoslove kroz njihovo prevazilaženje. Međutim, oni se nikada neće suočiti sa pošastima. Pošasti se dešavaju onim ljudima koji prave greške iz pogleda Božjeg.

Na primjer, apostol Pavle je bio toliko puta proganjan zbog Gospoda, ali kroz proganjanja on je dobio još veću moć i igrao je veliku ulogu u evangelizaciji Rimskog carstva kao apostol za nejevreje.

Danilo se nije složio sa spletkama koje su stvorili zli ljudi zli ljudi koji su na njega bili ljubomorni. On nije prestao da se moli već je samo hodao u pravednosti. Konačno, on je bio bačen u lavlji kavez ali ni malo nije bio povređen. On je veoma slavio Boga.

Jeremija je tugovao i upozoravao ljude sa suzama kada je njegov narod činio grijehove pred Bogom. Zbog ovoga je bio pretučen i zatvoren. Ali čak i u situaciji kada je Jerusalim bio osvojen od strane Navuhodonosora iz Vavilona i kada je mnogo ljudi ubijeno i zarobljeno, Jeremija je bio spašen i kralj se dobro prema njemu ponašao.

Sa vjerom, Avram je prošao testove prinošenjem sina kao žrtvu paljenicu, tako da je on mogao biti nazvan prijateljem

Božjim. On je dobio tako velike blagoslove u duhu i tijelu da ga je čak i kralj nacije ugostio sa čašću.

Kao što je objašnjeno, u većini slučajeva, testovi nam dolaze zbog oblika zla koje imamo, ali takođe postoje izuzetni slučajevi gdje ljudi Božji dobijaju testove u svojoj vjeri. Ali rezultat ovoga je blagoslov.

## Pošast žaba

Čak i poslije sedam dana nakon što se Nil pretvorio u krv, Faraon je očvrsto svoje srce. Pošto su i njegovi čarobnjaci pretvarali vodu u krv, on je odbio da pusti ljude Izraela da idu.

Kao kralj nacije, Faraon je morao da brine zbog nelagodnosti njegovog naroda koji je patio zbog nedostatka vode ali u stvari on nije mnogo mario za to, zato što je njegovo srce bilo očvrsnuto.

Zbog čvrstog srca Faraona, druga pošast je pogodila Egipat.

*I rijeka će se napuniti žaba, i one će izaći i skakati tebi po kući i po kleti gdje spavaš i po postelji tvojoj i po kućama sluga tvojih i naroda tvog i po pećima tvojim i po naćvama tvojim. I na tebe i na narod tvoj i na sve sluge tvoje skakaće žabe* (Izlazak 8:3-4).

Kao što je Bog rekao Mojsiju, kada je Aron ispružio svoju ruku sa štapom nad vodom Egipta, neizreciv broj žaba je prekrivao zemlju Egipta. Onda, mađioničari su uradili isto sa svojim tajnim vještinama.

Osim na Antarktiku, postoji više od 400 različitih vrsta žaba širom svijeta. Njihova veličina broji od 2.5 cm do 30 cm.
Neki ljudi jedu žabe, ali obično su iznenađeni ili su zgroženi pri pogledu na žabu. Oči žabe su isturene i nemaju rep. Njihove zadnje noge su spojene sa nožicama i njihova koža je mokra. Sve ove stvari stvaraju osjećaj nelagodnosti.
Ne samo nekolicina već brojne žabe su prekrile cijelu zemlju. One su stajale po stolovima za ručavanje i skakale su okolo u spavaćim sobama i po krevetima. Oni nisu mogli ni da razmišljaju o uživanju u jelu ili dobrom i mirnom odmoru.

### Duhovno značenje pošast žaba

Onda, koje je duhovno značenje sadržano u pošast žaba?

Knjiga Otkrivenja Jovanovog 16:13 ima jedan izraz *„tri nečista duha, kao žabe."* Žabe su jedne od gnusnih životinja i duhovno one se odnose na Sotonu.
Žabe koje su ulazile u palatu kralja i u kuće ministra i ljudi znači da je ova pošast pogodila svakoga na isti način, bez obzira na njihove društvene pozicije.
Takođe, žabe koje su skakale i na krevete je značilo da će biti problema između muževa i žena.

Na primjer, pretpostavimo da je žena vjernik a muž da nije, a da muž ima ljubavnicu. Onda, kada je uhvaćen, on daje izgovore kao što su: „To je zato što ti posjećuješ crkvu sve vrijeme."

Ako žena povjeruje svome mužu koji je okrivljavao crkvu zbog njihovih ličnih problema i ako se udalji od Boga, onda je to problem koji je uzrokovala „Sotona u spavaćoj sobi."

Ljudi se suočavaju sa ovom vrstom pošasti zato što imaju oblike zla. Oni izgledaju kao da vode dobar život u vjeri, ali kako se suočavaju sa testovima, njihova srca su uzdrmana. Njihova vjera i nada za nebesa nestaje. Njihova radost i mir takođe nestaju i oni se plaše kada gledaju na stvarnost situacije.

Ali ako oni zaista imaju nadu za nebesa i ljubav za Boga i ako imaju iskrenu vjeru, oni neće patiti zbog poteškoća kroz koje prolaze na ovom svijetu. Oni će radije da ih prevaziđu i počeće da primaju blagoslove.

Žabe su ulazile u peći i činije za pečenje. Činije za pečenje se odnose na naš svakodnevni hljeb, a peć na naše radno mjesto ili poslovnu oblast. Ovo kao cjelina znači da Sotona radi u ljudskim porodicama, mjestima za posao, poslovnim oblastima i čak i u svakodnevnoj hrani, tako da će svako biti stavljen u tešku i stresnu situaciju.

U ovoj vrsti situacije, neki ljudi ne prevazilaze iskušenja misleći: „Ova iskušenja meni dolaze zbog vjere u Isusa" i oni se vraćaju svijetu. To je da odu sa puta spasenja i vječnog života.

Ali ako oni priznaju činjenicu da im se teškoće događaju zbog nedostatka vjere i zbog oblika zla i ako se u tome pokaju,

Sotonina uznemiravajuća djela će nestati i Bog će im pomoći da prevaziđu poteškoće.

Ako mi zaista imamo vjeru, nijedno iskušenje ili pošast neće predstavljati nama problem. Čak iako se mi suočavamo sa iskušenjem, ako se radujemo, dajemo zahvalnost i budemo oprezni i molimo se, svi problemi mogu biti riješeni.

> *A Faraon dozva Mojsija i Arona i reče: „Molite Gospoda da ukloni žabe od mene i od naroda mog, pak ću pustiti narod da prinesu žrtvu GOSPODU"* (Izlazak 8:8).

Faraon je pitao Mojsija i Arona da uklone žabe koje su prekrivale cijelu zemlju. Kroz molitvu Mojsija, žabe su iščezle iz kuća, posuda i polja.

Ljudi su ih u hrpama gomilali i zemlja je postala prljava. Sada su oni imali olakšanje. Ali kako je Faraon vidio olakšicu on je promijenio njegove misli. On je obećao da će poslati ljude iz Izraela ako se sklone žabe, ali samo je promijenio mišljenje.

> *A kad Faraon vide gdje odahnu, otvrdnu mu srce, i ne posluša ih, kao što bijaše kazao Gospod* (Izlazak 8:15).

„Otvrdnu mu srce" znači da je Faraon bio tvrdoglav. Čak i nakon što je vidio niz Božjih djela, on nije slušao Mojsija. Kao ishod, sljedeća pošast ga je pogodila.

## Pošast komaraca

A Gospod reče Mojsiju u Izlazak 8:16: *„Kaži Aronu: 'Pruži svoj štap i udari po prahu na zemlji, nek se pretvori u komarce po svoj zemlji misirskoj.'"*
Kada su Mojsije i Aron učinili ono što su rekli da će uraditi, od prašine sa zemlje nastali su komarci kroz cijelu zemlju Egipta.

Čarobnjaci su pokušali da kroz svoje tajne vještine stvore komarce, ali nisu uspjeli. Oni su na kraju priznali da to ne može biti učinjeno uz ni jednu ljuudsku moć i priznali su to kralju.

*Ovo je prst Božji* (Izlazak 8:19).

Sve do sada, čarobnjaci su mogli da urade slične stvari kao što je pretvaranje štapa u zmiju, pretvaranje vode u krv i donošenje žaba. Ali više nisu mogli da rade stvari.

Na kraju, oni su takođe morali da priznaju moć Božju manifestovanu kroz Mojsija. Ali Faraon je i dalje očvrsnuo srce i nije slušao Mojsija.

## Duhovno značenje pošast komaraca

Na jevrejskom izraz „Kinim" je različito preveden kao „vaške, buve ili komarci." Takvi insekti su uopšteno mali insekti koji žive na nečistim mjestima. Oni se kače na tijelo čovjeka ili životinja i piju krv. Oni se obično nalaze u kosi, odjeći ili na krznu životinja.

Postoje više od 3.300 vrsta komaraca.

Kada piju krv sa ljudskog tijela, taj dio svrbi. To može takođe uzrokovati i sekundarne infekcije kao što je povratna groznica ili izbijajući tifus.

Danas, u čistim gradovima mi ne može lako da nađemo komarce ali postoje mnogo vrste takvih insekata koji žive na ljudskom tijelu zbog nedostatka higijene.

Onda, koje je konkretna pošast komaraca?

Prašina sa zemlje se pretvorila u komarce. Prašina je mala stvar koja može da se oduva našim dahom. Njegova veličina iznosi od 3-4 $\mu$m (mikro metar) do 0,5mm.

Baš kao što beznačajna stvar kao prašina postaje živi komarac koji pije krv i zadaje poteškoće i patnju, pošast komaraca simbolizuje slučajeve u kojima žive stvari koje su bile ispod površine kao ništavilo, odjednom izlaze i rastu u velike probleme koje nam zadaju patnje i bol.

Obično, svrab je relativno manji bol za razliku od drugih bolesti, ali je veoma iritirajući. Takođe, kao što komarci žive na nečistim mjestima, pošast komaraca će doći na mjesto gdje su oblici zla.

Na primjer, mala količina rasprave između braće ili između muža i žene razvija se u veliku svađu. Kada oni govore o malim stvarima koje su se dogodile u prošlosti, to takođe može da se razvije u veliku svađu. Ovo je takođe pošast komaraca.

Kada takvi oblici zla kao što su ljutnja i ljubomora u srcu rastu i postanu mržnja, kada jedan padne i pridržava se svoje naravi i ljuti nekoga drugog, kad nečija mala laž naraste u veliku laž u naporu da je sakrije, sve ovo su primjeri pošasti komaraca.

Ako postoji neprimjetan oblik zla u srcu, onda osoba ima nevolje u srcu. Mi smo možda osjetili da je hrišćanski život težak. Najmanja bolest može da ga zadesi. Ovo je takođe pošast komaraca. Ako mi odjednom imamo temperaturu ili prehladu, ili ako imamo male svađe ili probleme, mi brzo treba da pogledamo unazad na sebe i da se pokajemo.

Sada, šta znači da su komarci bili na životinjama? Životinje su živa bića i u to vrijeme, mnoge životinje, zajedno sa zemljom, su bile mjera da se vidi koliko je koja osoba bila bogata. Kralj, ministri i ljudi su imali vinograde i podizali su stoku.

Danas, kakva je naša imovina? Ne samo kuće, zemlja, posao ili naša radna mjesta ali takođe i članovi porodice pripadaju kategoriji naše „imovine." A pošto su životinje živa bića, to se odnosi na članove porodice koji žive zajedno.

„Komarci koji su na ljudima i životinjama" znači da kao što mali problemi rastu u velike, nećemo samo mi sami već će i članovi naše porodice patiti.

Takvi primjeri su slučaji gdje djeca pate zbog pogriješnih djela svojih roditelja, ili muževi pate zbog greške svoje žene.

U Koreji, mnoga djeca pate od atopijskog dermatitisa. To najprije počinje sa malim svrabom a uskoro se širi po cijelom tijelu i uzrokuje gnojenje zbog pucanja kože i čireva.

U nekoliko slučajeva, koža neke djece puca od glave do pete i gnoji. Kako njihova koža puca, ona je prekrivena gnojem i krvlju.

Roditelji, kada vide da su njihova djeca u ovakvoj situaciji, postanu tako slomljenog srca da u stvari ne mogu ništa da učine za svoju djecu.

Takođe, kada se roditelji naljute, njihova djeca ponekad odjednom dobiju temperaturu. U mnogim slučajevima, bolest male djece se događa zbog pogriješnih djela njihovih roditelja.

U ovoj situaciji, ako roditelji provjere svoje živote i pokaju se što nisu ispunili na pravi način svoje dužnosti, sada imaju mir sa drugima i iako nije ispravno iz pogleda Božjeg, njihova djeca će uskoro biti iscijeljena.

Mi možemo da vidimo da je to takođe Božja ljubav koja dozvoljava da se takve stvari dogode. Pošast komaraca nam se događa kada imamo oblike zla. Prema tome, mi ne trebamo da smatramo slučajnim čak i male stvari već treba da otkrijemo oblike zla u nama i brzo se pokajemo i okrenemo od njih.

# Poglavlje 4

## Pošasti: obadi, pomor stoke i kožne bolesti

## Izlazak 8:21-9:11

*„I učini GOSPOD tako. I dođoše silne bubine u kuću Faraonovu i u kuće sluga njegovih i u svu zemlju misirsku, da se sve u zemlji pokvari od bubina" (Izlazak 8:24).*

*„Evo, ruka GOSPODNJA doći će na stoku tvoju u polju, na konje, na magarce, na kamile, na volove i na ovce, s pomorom vrlo velikim. A odvojiće GOSPOD stoku izrailjsku od stoke misirske; te od svega što je sinova Izrailjevih neće poginuti ništa" (Izlazak 9:3-6).*

*„I uzeše pepela iz peći, i stadoše pred Faraona, i baci ga Mojsije u nebo, i postaše kraste pune gnoja po ljudima i po stoci. I vračari ne mogoše stajati pred Mojsijem od krasta; jer bijahu kraste i na vračarima i na svim Misircima" (Izlazak 9:10-11).*

Egipćanski čarobnjaci su prepoznali moć Božju nakon što su vidjeli pošast komaraca. Ali Faraon je i dalje očvrsnuo srce i nije slušao Mojsija. Moć Božja koja je do ovog vremena bila manifestovana bila je dovoljna za njega da vjeruje u Boga. Ali on se samo oslanjao na svoju snagu i vlast i smatrao je sebe bogom i nije se plašio Boga.

Pošasti su se nastavile ali on se nije pokajao već je samo očvrso njegovo srce čak i još više. Prema tome, pošasti su postale takođe veće. Do momenta kada su imali pošast komaraca, oni su mogli da se oporave odmah da su se samo odvratili. Ali u ovom momentu bilo je veoma teško da se oni oporave.

## Pošast muva

Mojsije je otišao pred Faraona rano ujutru u skladu sa riječ Božju. On je opet izneo poruku Božju da pusti Izraelce da idu.

> *A GOSPOD reče Mojsiju: „Ustani rano i izađi pred Faraona, evo, on će izaći k vodi, pa mu reci: 'Ovako veli Gospod: Pusti narod moj da mi posluži'"* (Izlazak 8:20).

Uprkos tome, Faraon nije slušao Mojsija. Ovo je uzrokovalo da pošast muva padne na njih, ne samo u palati Faraona i kuća ministara, već i kroz cijelu zemlju Egipta. Zemlja je bila prepuna muva.

Muve su bile štetne. One su prenosile takve bolesti kao što su tifus, kolera, tuberkoloza i lepra. Kućna muva može da se izlegne bilo gdje, čak i na dijelovima tijela ili smetlištu. One jedu bilo šta što je otpad ili hrana. Njihovo varenje je brzo i luče otpadne tvari svakih pet minuta.

Različite vrste patogenih organizama mogu ostati na ljudskoj hrani ili na priboru i mogu da uđu u ljudsko tijelo. Njihova usta i njihove noge su prekrivene tečnošću koje takođe nose patogene organizme. One su jedne od najvećih uzroka zaraznih bolesti.

Danas, mi imamo mnogo preventivnih mjera i lijek i ne postoje mnoge bolesti koje se prenose sa muvama. Ali ne tako davno, ako bi izbila neka zarazna bolest, mnogi ljudi bi izgubili svoje živote. Takođe, pored zaraznih bolesti, ako muva sleti na hranu koju jedemo, biće teško da je jedemo jer neće biti čista.

I ne samo jedna ili dvije muve već bezbroj muva je prekrilo ijcelu zemlju Egipta. Koliko bolno je to moralo da bude za ljude! Oni mora da su se plašili samo kada su vidjeli scenu koja ih okružuje.

Cijela zemlja Egipta je bila uništena sa rojevima strašnih muva. To znači da se pobuna ne samo Faraona već svih Egipćana širila širom zemlje Egipta.

Ali da bi napravili jasnu razliku između Egipćana i Izraelaca, nisu muve poslate u zemlju Gosen gdje su Izraelci živjeli.

*Idite, prinesite žrtvu Bogu svom ovdje u zemlji*

(Izlazak 8:25).

Prije nego što je Bog dao prvu pošast, On je njima zapovijedio da Njemu prinose žrtve paljenice u divljini, ali im je Faraon rekao da prinose žrtve paljenice u zemlji Egipt. Sada, Mojsije je odbio taj predlog i rekao mu je razlog.

> *Ne valja tako jer bismo prinijeli na žrtvu GOSPODU Bogu svom što je nečisto Misircima. A kad bismo prinijeli na žrtvu što je nečisto Misircima na oči njihove, ne bi li nas pobili kamenjem?* (Izlazak 8:26).

Mojsije je nastavio da govori da će oni otići u divljinu na tri dana i pratiće samo zapovjesti Božje. Faraon je odgovorio i rekao mu da da ne ide daleko i da se i za njega takođe moli.

Mojsije je rekao da će muve nestati odmah sljedećeg dana i rekao mu je da bude vjeran svojoj riječi da pusti ljude Izraela da idu.

Ali nakon što su muve nestale uz molitvu Mojsija, Faraon je promijenio svoje misli i nije pustio ljude Izraela. Kroz ovo mi možemo da razumijemo koliko je on bio pokvaren i lukav. Mi takođe vidimo zašto je on učestalo morao da se suoči sa pošastima.

## Duhovno značenje pošast muva

Baš kao što muve dolaze sa nečistih mjesta i prenose zarazne bolesti, ako je srce čovjeka zlo i nečisto, on će govoriti zle riječi i uzrokovaće da mu se dogode zarazne bolesti ili problemi. Ovo je pošast muva.

Ova vrsta pošasti, kada dođe, ne dolazi samo nama samima već takođe i na njegovu ženu/njenog muža ili na radnom mjestu.

Jevanđelje po Mateju 15:18-19 govori: *„A šta izlazi iz usta iz srca izlazi, i ono pogani čoveka. Jer od srca izlaze zle misli, ubistva, preljube, kurvarstva, krađe, lažna svedočanstva, hule na Boga."*

Ono što je u čovjekovom srcu dolazi kroz usta. Iz dobrog srca, dobre riječi izlaze, ali iz nečistog srca, nečiste riječi će izaći. Ako imamo neistinitost i lukavstvo, mržnju i ljutnju, takve vrste riječi i dela će izaći.

Šamaranje, osuđivanje, optuživanje i kletve sve potiče od zla i nečistih srca. Zbog toga Jevanđelje po Mateju 15:11 kaže: *„Ne pogani čovjeka šta ulazi u usta; nego šta izlazi iz usta ono pogani čovjeka."*

Čak i nevjernici govore stvari kao što su: „Riječi padaju kao sjeme," ili „Jednom kada prosipamo vodu, ne možemo je vratiti."

Vi ne možete samo da poništite šta ste rekli. Naročito u životu hrišćana, priznanje sa usnama je veoma važno. U skladu sa tim kakve ste riječi rekli, bilo da su pozitivne ili negativne, mogu imati različit ishod za vas.

Ako imamo običnu prehladu ili običnu zaraznu bolest, ovo pripada kategoriji pošasti muva. Tako da, ako se mi odmah pokajemo, mi možemo da se oporavimo. Ali u slučaju pošasti muva, mi ne možemo odmah da se oporavimo čak i kada se pokajemo. Pošto je uzrokovano velikim zlom nego slučaj pošasti komaraca, mi ćemo morati da se suočimo sa zasluženom kaznom.

Prema tome, ako smi se suočili sa pošast muva, mi moramo da pogledamo unazad i da se pokajemo u potpunosti od zlih riječi i ovakvih stvari. Samo kada se pokajemo problem može biti riješen.

U Bibliji mi možemo da nađemo ljude koji su dobili zasluženu kaznu zbog zlih riječi. To je bio slučaj sa Mihalom, ćerkom kralja Saula i ženom kralja Davida. U 2. Samuilo poglavlje 6, kada je kovčeg GOSPODA vraćen nazad u grad Davidov, David je bio toliko srećan i plesao je pred svima.

Kovčeg GOSPODA je bio simbol Božjeg prisustva. Njega su uzeli Falistejci za vrijeme sudija ali je bio povraćen. On nije mogao da ostane u šatoru i privremeno je bio u Kirijat Jarimu negde oko sedamdeset godina. Nakon što je David preuzeo prijesto, on je mogao da pomjeri kovčeg u šatoru u Jerusalimu. On je bio oduševljen.

Ne samo David već i svi ljudi Izraela su se radovali zajedno i slavili Boga. Ali Mihala, koja je trebala da se raduje zajedno sa svojim mužem, samo je pogledala dole na kralja i prezrela ga.

*Kako je slavan bio danas car Izrailjev! Kad se*

*danas otkrivao pred sluškinjama sluga svojih, kao što se otkrivaju nikakvi ljudi!* (2. Samuilova 6:20).

Onda, šta je David rekao?

*Pred GOSPODOM, koji me je izabrao preko oca tvog i preko svega doma njegovog, te mi zapovijedio da budem vođ narodu GOSPODNJEM, Izrailju, igrao sam, i igraću pred GOSPODOM. I još ću se većma poniziti, i još ću manji sebi biti; i opet ću biti slavan pred sluškinjama, za koje govoriš* (2. Samuilova 6:21-22).

Jer je Mihala izgovorila takve zle riječi, ona nije imala ni jedno dijete sve do njene smrti.

Slično tome, ljudi čine toliko mnogo grijehova sa njihovim usnama ali oni ne shvataju da su njihove riječi grješne. Zbog bezakonja na usnama, odmazda za grijehove dolazi do njihovih radnih mjesta, poslovima i porodicama ali oni ne shvataju zašto. Bog nam takođe govori o važnosti riječi.

*Zlome je zamka u grijehu usana njegovih, a pravednik izlazi iz teskobe. Od ploda usta svojih siti se čovjek dobra, i platu za djela svoja prima čovjek* (Poslovice 12:13-14).

*Od ploda usta svojih svaki će jesti dobro, a duša*

*nevaljalih ljudi nasilje. Ko čuva usta svoja, čuva svoju dušu; ko razvaljuje usne, propada* (Poslovice 13:2-3).

*Smrt je i život u vlasti jeziku, i ko ga miluje, ješće plod njegov* (Poslovice 18:21).

Mi treba da razumijemo koje vrste posljedica uzrokuju zle riječi sa naših usana, kako bi mogli da govorimo samo pozitivne riječi, dobre i lijepe riječi, riječi pravednosti i svjetlosti i priznanja u vjeri.

## Pošast pomor stoke

Čak i posle patnje od pošast muva, faraon je ipak očvrso svoje srce i odbio je da pusti Izraelce da idu. Onda, Gog je dozvolio da se dogodi pošast pomora stoke.

U ovo vrijeme takođe, Bog je poslao Mojsija prije nego što je On pustio pošast. On je poslao Mojsija da iznese Njegovu volju.

*Ako li ih ne pustiš nego ih još staneš zadržavati, evo, ruka GOSPODNJA doći će na stoku tvoju u polju, na konje, na magarce, na kamile, na volove i na ovce, s pomorom vrlo velikim. A odvojiće GOSPOD stoku izrailjsku od stoke misirske; te od svega što je sinova Izrailjevih neće poginuti ništa* (Izlazak 9:2-4).

Da bi im stavio do znanja da to nije bila slučajnost već pošast donesena uz moć Božju, on je postavio određeno vrijeme, govorivši: „Sutra će GOSPOD učiniti ovo zemlji." Na ovaj način On je njima davao priliku za pokajanje.

Da je prepoznao moć Božju makar malo, faraon bi promjenio mišljenje i ne bi patio više u pošastima.

Ali on nije promjenio misli. Kao rezultat, pomor stoke je pao na njih i stoka koja je bila u poljima – konji, magarci, kamile, krda i stada-umrli su.

Suprotno tome, ni jedna stoka Izraelaca nije umrla. Bog im je dao da shvate da je Bog živ i da ispunjava Njegovu riječ. Faraon je znao ovu činjenicu veoma dobro, ali i dalje je očvrso svoje srce i nije promjenio svoje mišljenje.

## Duhovno značenje pošast pomora stoke

Pomor je bilo koja vrsta bolesti koja se veoma brzo širi i ubija veliki broj ljudi ili životinja. Sada, sva stoka u Egiptu je umrla i mi možemo da zamislimo kolika je ta šteta bila velika.

Na primjer, Crna smrt ili Bubonska kuga, koja je vladala Evropom u četrnaestom vijeku, bila je u stvari epidemija koja se dogodila životinjama kao što su vjeverice ili pacovi. Ali se raširila među ljudima kroz buve uzrokujući toliko mnogo smrti. Pošto je bila toliko zarazna i medicinska nauka nije bila toliko razvijena, odnela je mnogo ljudskih života.

Stoka poput stada goveda i konja, stada ovaca i koza su bile veliki dio u bogatstvu ljudi. Zbog toga, stoka simbolizuje imanje Faraona, ministara i ljudi. Stoka su živa bića i u današnjem smislu, to se odnosi na članove naše porodice, kolege i prijatelje koji ostaju u našim domovima, radnim mjestima ili poslovanjima.

Uzrok pomora stoke Egipta bila je bezbožnost Faraona. Stoga, duhovno značenje pošasti pomora stoke je da će bolest doći na članove naše porodice ako mi skupljamo zlo i ako Bog okrene Svoje lice od nas.

Na primjer, kada se roditelji ne povinuju Bogu, njihova voljena djeca će možda dobiti bolest koju je teško izliječiti. Ili, zbog bezbožnosti muža, njegova žena će možda biti bolesna. Kada ova vrsta pošasti dođe na nas, mi ne samo što treba da pogledamo unazad na sebe već takođe svi članovi porodice bi trebali zajedno da se pokaju.

Od Izlazka 20:4 pa nadalje, kaže se da će odmazda za idolopoklonstvo ići na tri ili četiri generacije.

Naravno, Bog ljubavi neće samo kazniti u svim slučajevima. Ako su djeca dobra u srcima, prihvate Boga i žive u vjeri, oni se neće suočiti sa ni jednom pošasti koja je uzrokovana grijehom njihovih roditelja.

Ali ako djeca sakupljaju zlo sa još više zla koje su naslijedili od svojih roditelja, oni će se suočiti sa posljedicama zbog grijehova. U mnogim slučajevima, ona djeca koja su rođena u porodicama koje služe idolima toliko mnogo su rođena sa nasleđenim nesposobnostima ili imaju mentalni poremećaj.

Neki ljudi imaju amajlije zalijepljene na svojim kućama. Neki drugi služe idolima Bude. Opet neki drugi stavljaju svoja imena u Budističkim hramovima. U ovoj vrsti ozbiljnog idolopoklonstva, čak iako oni sami ne pate do pošasti, njihova djeca će imati probleme.

Prema tome, roditelji treba uvijek da ostanu u istini kako njihovi grijehovi ne bi pali na njihovu djecu. Ako neko u porodici dobije neku bolest koju je teško izliječiti, oni treba da provjere da li je to ili ne uzrokovano zbog njihovih grijehova.

## Pošast kožne bolesti

Faraon je gledao smrt stoke u Egiptu i poslao je nekoga da provjeri šta se događa u zemlji Gosen gdje su Izraelci živjeli. Za razliku od svih ostalih zemalja Egipta, nijedno grlo stoke nije umro u Gosenu.

Čak i nakon što je iskusio neosporna djela Božja, Faraon se nije odvratio.

> *I posla Faraon da vide, i gle, od stoke izrailjske ne uginu nijedno. Ipak otvrdnu srce Faraonu, i ne pusti narod* (Izlazak 9:7).

Na kraju, Bog je rekao Mojsiju i Aronu da uzmu ruke pune pepela iz peći i da ga Mojsije baci u nebo pred Faraonom. Kako su učinili ono što im je Bog zapovjedio da urade, nastali su čirevi koje su izbijali sa ranama na ljudima i životinjama.

Čir je lokalizovani otok i upala kože koji je rezultat infekcije folikula dlake i susjednog tkiva, koje ima jako centralno jezgro i formira gnoj.

U ozbiljnom slučaju, neko ima operaciju. Neki od čireva su u prečniku veći od 10 cm. Oni otiču i uzrokuju visoku temperaturu i neki ljudi čak i ne mogu da dobro hodaju. To je tako bolna stvar.

Ovi čirevi su bili na ljudima i životinjama i čak ni čarobnjaci nisu mogli zbog čireva da stanu pred Mojsijem.

U slučaju pomora stoke, samo stoka je umrla. Ali u slučaju čireva, nisu samo životinje već takođe su i ljudi patili.

## Duhovno značenje pošast kožnih bolesti

Pomor stoke je unutrašnja bolest, ali čirevi se vide sa spolja kada nešto unutra postaje veoma ozbiljno.

Na primjer, mala ćelija raka raste i na kraju, vidljiva je sa spolja. Isto je i sa cerebralnom apopleksijom ili paralizom, plućnim bolestima i SIDOM.

Ovakve bolesti mogu obično da se pronađu kod onih ljudi koji imaju tvrdoglavi karakter. Možda će biti teško u oba slučaja, ali većina njih su veoma preke naravi, arogantni, ne praštaju drugima i misle da su sami najbolji. Takođe, oni insistiraju na sopstvenom mišljenju i ignorišu druge. To je sve zbog nedostatka ljubavi. Pošasti nastaju zbog takvih razloga.

Ponekad, mi ćemo se možda pitati: „On izgleda veoma umiljato i dobro, zašto pati od takvih bolesti?" Ali čak iako neko izgleda umiljato sa spolja, on ne mora biti takav iz Božjeg pogleda.

Ako on sam nije tvrdoglav, to je vjerovatno zbog velikih grijehova koji su počinili njegovi preci (Izlazak 20:5).

Kada pošast dođe zbog članova porodice, problem će biti riješen kada se svi članovi porodice zajedno pokaju. Kroz ovo, ako oni postanu mirna i lijepa porodica, to postaje blagoslov za njih.

Bog kontroliše život, smrt, bogatstvo i Bog kontroliše život, smrt bogatstvo i nesreće ljudi u skladu sa Njegovom pravdom. Tako da, nijedna pošast ili nesreća ne dolazi bez razloga (Ponovljeni Zakon 28).

Takođe, čak i kada djeca pate zbog grijehova njihovih roditelja ili predaka, glavni uzrok je sa samom djecom. Čak iako roditelji služe idolima, ako djeca žive po riječi Božjoj, Bog ih štiti tako da pošasti neće pasti na njih.

Odmazda za grijehove idolopoklonstva predaka ili onih od roditelja padaju na djecu zato što djeca sama ne žive po riječi Božjoj. Ako žive u istini, Bog pravde ih štiti tako da oni neće imati nikakvih problema.

Pošto je Bog ljubav, On smatra jednu dušu dragocijenijom više nego cio svijet. On želi da svaka osoba ponaosob dostigne spasenje, živi u istini i osvoji pobjedu u svom životu.

Bog nam dozvoljava pošasti ne da bi nas doveo do uništenja

već da nas povede do pokajanja u našim grijehovima i da se okrenemo od njih u skladu sa Njegovom ljubavi.

Pošast krvi, žaba i komaraca su uzrokovana djelima Sotone i ona su relativno slabe. Tako da, ako se mi pokajemo i okrenemo, oni lako mogu biti riješeni.

Ali pošasti muva, pomora stoke i kožnih bolesti su mnogo više ozbiljniji i one direktno dotiču naša tijela. Prema tome, u ovim slučajevima, mi treba pokidamo naša srca i u potpunosti se pokajemo.

Ako mi patimo od neke od ovih pošasti, mi ne treba da krivimo ni jednu drugu osobu. Umjesto toga, mi treba da budemo dovoljno mudri da se pridržavamo riječi Božje i da se pokajemo bilo da to nije ispravno iz pogleda Božjeg.

Poglavlje 5

# Pošasti: grad, oluja i skakvci

## Izlazak 9:23-10:20

*I Mojsije pruži štap svoj k nebu, i GOSPOD pusti gromove i grad, da oganj skakaše na zemlju. I tako GOSPOD učini, te pade grad na zemlju misirsku. A bijaše grad i oganj smešan s gradom silan veoma, kakvog ne bijaše u svoj zemlji misirskoj otkako je ljudi u njoj (9:23-24).*

*I pruži Mojsije štap svoj na zemlju misirsku, i GOSPOD navede ustoku na zemlju, te duva cijeli dan i cijelu noć; a kad svanu, donese ustoka skakavce. I dođoše skakavci na svu zemlju misirsku, i popadaše po svim krajevima misirskim silni veoma. Kakvih prije nikada nije bilo niti će kad biti onakvih (10:13-14).*

Oni roditelji koji zaista vole svoju djecu neće odbiti da discipliniraju ili biju svoju djecu. To je želja roditelja da vode svoju djecu da čine ono što je ispravno.

Kada djeca ne slušaju dok ih roditelji grde, oni ponekad koriste štap kako bi to djeca imala na umu. Ali roditeljska bol u srcu je veća nego fizička bol kod djece.

Bog ljubavi takođe ponekad okreće Njegovu glavu da bi dozvolio pošasti ili probleme kako bi Njegova voljena djeca mogla da se pokaju i da se odvrate od toga.

## Pošast grada

Bog je mogao da pošalje veliku pošast od početka da bi natjerao Faraona da se podvrgne. Ali Bog je strpljiv; On trpi dugo vremena. On je pokazao Njegovu moć i vodio je Faraona i njegov narod da priznaju Boga, počinjući sa malom pošasti.

> *Jer sada kad pružih ruku Svoju, mogah i tebe i narod tvoj udariti pomorom, pa te ne bi više bilo na zemlji. Ali te ostavih da pokažem na tebi Silu svoju, i da se pripovjeda ime Moje po svoj zemlji. I ti se još podižeš na Moj narod, i nećeš da ga pustiš? Evo, sutra ću u ovo doba pustiti grad vrlo velik, kakvog nije bilo u Misiru otkako je postao pa dosada* (Izlazak 9:15-18).

Pošasti su postale veće i veće, ali Faraon je opet uzdigao sebe protiv Izraelaca i nije ih pustio da idu. Sada, Bog je dozvolio sedmu pošast, pošast grada.

Bog je dao da faraon sazna kroz Mojsija da će biti tako veliki grad koji nije bio viđen u Egiptu još od dana njegovog stvaranja. I Bog je davao prilike kako bi se ljudi i životinje na poljima mogli sakriti unutra. On ih je unaprijed upozorio da će ako bilo koji čovjek ili životinje ostanu napolje umrijeti zbog grada.

Neke sluge Faraona su se plašile riječi GOSPODA i natjerali su njihove sluge i njihovu stoku da bježe i da se sakriju u kućama. Ali mnogi drugi se ipak nisu plašili riječi Božje i nisu marili za to.

*A koji ne maraše za riječ GOSPODNJU, on ostavi sluge svoje i stoku svoju u polju* (Izlazak 9:21).

Sljedećeg dana Mojsije je ispružio svoj štap prema nebu i Bog je poslao nevrijeme i grad. Vatra je preplavila zemlju. To mora da je opustošilo ljude, životinje, drveće i povrće na poljima. Koliko velika pošast je to bila!

Ali Izlazak 9:31-32 govori: „*I propade lan i ječam, jer ječam bijaše klasao, a lan se glavičio. A pšenica i krupnik ne propade, jer bijaše pozno žito.*" Tako da, šteta je bila parcijalna.

Cijela zemlja Egipta je patila u velikoj šteti zbog vatrenog grada ali se ništa slično tome nije dogodilo u zemlji Gosen.

## Duhovno značenje pošasti grada

Naime, grad je pao bez predhodnih naznaka. On obično ne pada na velike površine već na relativno male oblasti.

Prema tome, pošast grada simbolizuje da se velike stvari događaju na jednom mjestu ali ne u svim aspektima.

Postojao je vatreni grad da bi ubio sve ljude i životinje. Povrće na poljima je bilo uništeno i nije postojala hrana. Ovo je slučaj kada postoji velika šteta u nečijem bogatstvu zbog neočekivane nesreće.

Neko može da se suoči sa velikim gubitkom zbog vatre na svojem radnom mjestu ili u svom poslovanju. Neki član porodice može da ima bolest ili da mu se dogodi nesreće i briga o njemu može da košta čitavo bogatstvo.

Na primjer, razmotrite osobu koja je bila vjerna Gospodu ali koja je počela da se usredsređuje na svoja poslovanja toliko mnogo da je preskakala nedeljne službe bogosluženja nekoliko puta. Onda završava tako da ne poštuje ni malo Gospodnji dan.

Zbog ovoga, Bog ne može da je štiti i ona će se suočiti sa velikim problemima u svom poslovanju. On će se takođe suočiti sa nepredviđenom nesrećom ili bolesti i to će ga koštati bogatstvo. Ova vrsta slučaja je kao pošast grada.

Većina ljudi smatra njihovo bogatstvo kao najdragocjenijim u njihovim životima. U 1. Timotiju Poslanici govori se da je ljubav prema novcu koren zlobe. To je zato što želja za novcem rezultira ubistva, pljačke, nasilje i ostale druge zločine. Ponekad, odnosi između braća su narušeni i dešavaju se sporevi između komšija zbog novca. Glavni razlozi sukoba između zemalja su takođe zbog materijalne koristi jer oni teže ka zemlji i izvorima.

Čak i neki vjernici ne mogu da prevaziđu zanesenost prema novcu, tako da oni ne održavaju Gospodnji dan svetim, niti daju prikladne desetke. Pošto oni ne vode prikladan hrišćanski život, oni postaju mnogo više udaljeniji od spasenja.

Baš kao što je grad uništio većinu hrane, pošast grada simbolizuje veliku štetu ljudskom bogatstvu koje je smatrano vrijednim u njihovim životima. Ali, kako grad pada samo na ograničenim mjestima, oni neće izgubiti svo svoje bogatstvo.

Kroz ovu činjenicu, mi možemo da osjetimo takođe ljubav Božju. Ako smo mi u potpunosti izgubili svo bogatstvo, sve što smo imali, onda ćemo možda mi odustati ili čak počiniti samoubistvo. Zbog toga je Bog samo dotakao jedan dio.

Iako je to bio samo jedan dio, jačina je jaka i dovoljno značajna da mi možemo da na kraju dođemo do nekakvog shvatanja. Naročito, grad koji je pogodio Egipat nije bio samo malo parče leda. To je bilo baš veliko i brzina je takođe bila velika.

Čak i danas vijesti izvještavaju da je grad veliki kao loptica za golf i uzrokuju alarm i iznenađenje mnogim ljudima. Grad koji je pao na Egipat je posebno djelo Božje i on je takođe padao sa vatrom. Bila je to zastrašujuća pojava.

Pošast grada je pala na njih jer je Faraon ispoljavao zlo nad zlom. Ako mi imamo čvrsta i tvrdoglava srca, mi ćemo se možda također suočiti sa nekom vrstom pošasti.

## Pošast skakavca

Drveća i povrće je bilo uništeno i životinje i čak i ljudi su umrli zbog grada. Faraon je konačno prepoznao svoju grešku.

> *Tada posla Faraon, te dozva Mojsija i Arona, i reče im: ,,Sada zgriješih; GOSPOD je pravedan, a ja i moj narod jesmo bezbožnici"* (Izlazak 9:27).

Faraon se pokajao na veoma brz način i tražio je od Mojsija da zaustavi grad.

> *Molite se GOSPODU, jer je dosta, neka prestanu gromovi Božji i grad, pa ću vas pustiti, i više vas neće niko ustavljati* (Izlazak 9:28).

Mojsije je znao da Faraon još nije promjenio svoje misli ali kako bi mu dozvolio da razumije o živom Bogu i da je cio svijet u Njegovim rukama, on je podigao svoje ruke prema nebu.

Kao što je Mojsije očekivao, odmah kako su kiša, grmljavina i grad prestali, Faraon je promjenio njegove misli. Zato što se nije okrenuo iz dubine svog srca, on je očvrsao njegovo srce opet i nije pustio Izraelce da idu.

Faraonove sluge su također očvrsli svoja srca. Onda, Mojsije i Aron su im rekli da će biti pošast skakavca kako je Bog rekao i upozorili su ih da će to biti jedan od najvećih pošasti koje se nikada nisu dogodile na svijetu.

> *I pokriće svu zemlju da se neće vidjeti zemlja* (Izlazak 10:5).

Samo onda su sluge Faraonove imale strah i rekle su svom kralju: *„Pusti ljude da idu, onda mogu da služe svom Gospodu njihovom Bogu. Zar ne shvataš da je Egipat uništen?"* (Izlazak 10:7).

Nakon riječi njegovih slugu, Faraon je pozvao Mojsija i Arona ponovo. Ali Mojsije je rekao da će oni ići sa svijim mladim i starijim; sa svojim sinovima i svojim kćerima, sa svojim stadima i krdima, jer moraju da održe post GOSPODU. Faraon je rekao da su Mojsije i Aron zlobni i izbacio ih je napolje.

Na kraju, Bog je dozvolio osmu pošast, pošast skakavca.

> *Tada reče GOSPOD Mojsiju: „Pruži ruku svoju na zemlju misirsku, da dođu skakavci na zemlju misirsku i pojedu sve bilje po zemlji, šta god osta iza grada"* (Izlazak 10:12).

Kada je Mojsije uradio ono što je Bog rekao, Bog je usmjerio istočni vjetar na cijelu zemlju cio taj dan i cijelu noć; i kada je bilo jutro, istočni vjetar doneo je skakavce.

Skakavci su bili toliko brojni da je zemlja postala tamna. Oni su pojeli sve biljke Egipta koje su ostale poslije grada i u Egiptu, nije postojalo više ništa što je zeleno.

> *Zgriješih GOSPODU Bogu vašem i vama. Ali mi još sada samo oprosti grijeh moj, i molite se GOSPODU Bogu svom da ukloni od mene samo ovu smrt* (Izlazak 10:16-17).

Kada je shvatio njegovu brigu, Faraon je brzo pozvao Mojsija i Arona da zahtjevaju i da zaustave pošast.

Kada je Mojsije izašao napolje i pomolio se, desio se jak istočni vjetar i sve skakavce je odnio u Crveno more. I nije bio ni jedan skakavac u cijeloj zemlji Egipta. Ali čak i ovaj put, Faraonovo je očvrsao svoje srce i nije pustio Izraelce da idu.

## Duhovno značenje pošasti skakavca

Jedan skakavac je samo mali insekt, ali kada je jato u velikoj grupi, to je poražavajuće. U momentu, Egipat je bio skoro uništen zbog skakavca.

> *I dođoše skakavci na svu zemlju misirsku, i popadaše po svim krajevima misirskim silni veoma. Kakvih prije nikada nije bilo niti će kad biti onakvih. I pokriše svu zemlju, da se zemlja ne viđaše, i pojedoše svu travu na zemlji i sav rod na drvetima, što osta*

*iza grada I ne osta ništa zeleno od drveta i od bilja poljskog u svoj zemlji misirskoj* (Izlazak 10:14-15).

Čak i danas, mi možemo da nađemo ovakvu vrstu gomila u Africi ili Indiji. Skakavci se šire do 40 km u širinu i 8 km u dubinu. Hiljade miliona njih dolaze kao oblak i jedu ne samo usjeve već takođe i biljke i lišće; oni ne ostavljaju nikakvu zelenu vegetaciju za sobom.

Nakon pošasti grada, ostalo je ipak nešto od stvari. A pšenica i krupnik nisu bili uništeni jer oni kasno sazrijevaju. Takođe, neke sluge Faraona su se plašile riječi Božje i natjerali su svoje sluge i svoju stoku da se sakriju u kućama i oni nisu bili uništeni.

Skakavci možda ne izgledaju toliko veliki, ali šteta posle njih je mnogo veća od one pošasti grada. Oni jedu stvari koje su čak i preostale.

Prema tome, pošast skakavaca se odnosi na vrstu nesreće koja ne ostavlja ništa za sobom, koja odnosi svo bogatstvo i imovinu. Ona ne uništava samo porodicu već takođe i radna mjesta i poslovanja.

Za razliku od pošasti grada koje nam daje parcijalnu štetu, pošast skakavaca uništava sve i odnosi sav novac. Drugim riječima, jedan će biti potpuno finansijski opustošen.

Na primjer, zbog bankrota, jedan gubi svo svoje bogatstvo i on mora da bude odvojen od članova njegove porodice. Jedan će možda takođe patiti zbog dugotrajne bolesti i izgubiće svo svoje bogatstvo. Postojaće možda i neko drugi ko dolazi do velike količine dugova jer su njegova djeca išla pogriješnim putem.

Kada se oni suočavaju sa učestalim nesrećama, neki ljudi će misliti da su to neke vrste slučajnosti ali ne postoji slučajnost iz pogleda Božjeg. Kada se neko suoči sa štetom ili dobije bolest, mora da postoji razlog za to.

Šta znači kada se vjernici suočavaju sa ovim vrstama nesreća? Kada oni čuju riječ Božju i saznaju za volju Božju, oni moraju da održavaju riječ. Ali ako nastavljaju da čine zlo kao nevjernici, oni ne mogu da izbjegnu ove pošasti.

Ako oni ne razumiju kada im Bog pokazuje neke znakove nekoliko puta, Bog će okrenuti Njegovo lice od njih. Onda, bolest će se možda razviti u zarazu ili će možda izbiti čirevi. Kasnije, oni će se suočiti sa pošastima kao što su pošast grada ili skakavca.

Ali oni mudri će razumijeti da je to ljubav Božja koja dozvoljava njima da razumiju svoje greške kada se suoče sa malim nesrećama. Onda oni će se brzo pokajati i izbjeći će veće pošasti.

Ovo je istinita priča. Jedna osoba je patila od velikih nesreća jer je jednom uzrokovala da Bog bude ljut. Jednog dana, za vrijeme požara, on je došao do toga da je imao veliki iznos dugovanja. Njegova žena nije mogla da izdrži pritisak zbog kredita i pokušala je da izvrši samoubistvo. Vremenom, međutim, oni su spoznali Boga i počeli su da posjećuju crkvu.

Nakon što su se posavjetovali sa mnom, oni su se povinovali riječi Božjoj sa molitvama. Oni su ugodili Bogu za vrijeme dobrovoljnog rada u crkvi. Onda, njihovi problemi su bivali riješeni jedan po jedan i oni nisu morali da pate više zbog kredita.

Šta više, oni su isplatili sve svoje dugove. Oni su čak i mogli da sagrade poslovnu zgradu i da kupe kuću.

Nakon što su njihove sve teškoće bile riješene i nakon što su dobili blagoslove, međutim, oni su promjenili svoja srca. Oni su zaboravili na milost Božju i postali su ponovo kao nevjernici.

Jednog dana, dio zgrade koju je suprug posjedovao se srušio zbog poplava. Bio je opet i požar i on je izgubio sve finansije. Pošto su opet upali u velike količine dugovanja, oni su morali da se vrate u svoje rodno selo. Ali on je takođe imao dijabetes i komplikacije zajedno sa tim.

Kao u ovom slučaju, ako smo ostavljeni bez išta nakon što smo pokušali sve metode sa našim znanjem i mudrosti, mi moramo da odemo pred Bogom sa poniznim srcem. Kako se mi odnosimo prema riječi Božjoj, pokajemo se u našim grijehovima i okrenemo se, predhodne stvari će biti vraćene.

Ako mi imamo vjeru da dođemo pred Bogom i da predamo svaku stvar u Božje ruke, Bog ljubavi koji ne lomi trsku koja izbija će nam oprostiti i nas oporaviti. Ako se mi okrenemo i živimo u svjetlosti, Bog će nas ponovo voditi ka napretku i daće nam veće blagoslove.

# Poglavlje 6

# Pošasti tama
# i smrt prvorođenčadi

## Izlazak 10:22-12:36

*I Mojsije pruži ruku svoju k nebu, i posta gusta tama po svoj zemlji misirskoj za tri dana. Ne viđahu jedan drugog, i niko se ne mače s mjesta gdje bijaše za tri dana; ali se kod svih sinova Izrailjevih vidjelo po stanovima njihovim (Izlazak 10:22-23).*

*A oko ponoći pobi GOSPOD sve prvence u zemlji misirskoj od prvenca Faraonovog koji htjede sedjeti na prijestolju njegovom do prvenca sužnja u tamnici, i šta god bijaše prvenac od stoke. Tada usta Faraon one noći, on i sve sluge njegove i svi Misirci, i bi vika velika u Misiru, jer ne bijaše kuće u kojoj ne bi mrtvaca (Izlazak 12:29-30).*

U Bibliji mi možemo da nađemo da kada su se suočili sa nevoljama mnogi ljudi su se pokajali pred Bogom i dobili su Njegovu pomoć.

Bog je poslao svog proroka kralju Jezekilja kraljevstva Jude i rekao: „Ti ćeš umrijeti a ne živjeti." Ali kralj se molio iskreno sa svojim suzama i njegov život je produžen.

Ninevija je bio glavni grad Sirije koja je bila neprijateljska zemlja prema Izraelu. Kada su ljudi tamo čuli riječ Božiju kroz Njegovog proroka, oni su se iskreno pokajali od njihovih grijehova i nisu bili uništeni.

Slično tome, Bog daje Njegovu milost onima koji se okrenu. On traži one koji traže Njegovu milost i njima daje više milosti.

Faraon je patio od različitih pošasti zbog svojeg zla, ali on se nije okrenuo unaokolo sve do kraja. Što je više stezao svoje srce veća pošast bi dolazila.

## Pošast tame

Neki ljudi govore da neće nikada živjeti ako izgube. Oni vjeruju u svoju sopstvenu snagu. Faraon je bio ova vrsta osobe. On je sebe smatrao bogom i zbog toga on nije želio da prizna Boga.

Čak i nakon što je vidio da je cijela zemlja Egipta bila uništena, on nije pustio Izraelce da idu. On se ponašao kao da se takmičio sa Bogom. Onda, Bog je dozvolio pošast tame.

> *I Mojsije pruži ruku svoju k nebu, i posta gusta tama po svoj zemlji misirskoj za tri dana. Ne viđahu jedan drugog, i niko se ne mače s mjesta gdje bijaše za tri dana; ali se kod svih sinova Izrailjevih vidjelo po stanovima njihovim (Izlazak 10:22-23).*

Tama je bila toliko gusta da oni nisu mogli da se vide međusobno. Niko nije ustajao niti se pomjerao okolo gdje je bio tri dana. Kako mi možemo da izrazimo strah do potpune mjere i nelagodnosti sa kojim su oni morali da se suoče tri dana?

Gusta tama prekrila je cijelu zemlju Egipta i ljudi su morali da hodaju u sljepoći, ali u zemlji Gosena sinovi Izraela su imali svjetlost u svojim mjestima gdje su boravili.

Faraon je pozvao Mojsija i rekao je da će pustiti Izraelce. Ali, on je rekao Mojsiju da ostavi stada i krda i da povede samo sinove i kćeri. U stvari to je bila njegova namjera da povrati Izraelce.

Ali Mojsije je rekao da oni moraju da imaju životinje da bi ih prinosili kao žrtve paljenice Bogu i da ne mogu ni jedne da ostave jer neće znati koje trebaju da žrtvuju za Boga.

Opet se Faraon naljutio i čak je pretio Mojsiju: „Da ne vidiš više lice moje jer u danu kada vidiš moje lice umriječeš!"

Mojsije je smjelo odgovorio: „U pravu si; tvoje lice više neću vidjeti opet!" i otišao je.

## Duhovno značenje pošasti tame

Duhovno značenje pošasti tame je duhovna tama i to se odnosi na pošast pred samu smrt.

To je slučaj u kojoj je bolest postala toliko ozbiljna da osoba ne može da se oporavi. To je vrsta pošasti koja dolazi onima koji se ne kaju čak i kada izgube svo svoje bogatstvo koje je kao njihov život.

Stajati na pragu smrti je kao stajati na ivici provalije u totalnoj tami i nemati nikakav izlaz napolje. Duhovno, zato što je neko napustio Boga i u potpunosti napustio svoju vjeru, Božja milost je njemu oduzeta i njegov duhovni život dolazi do kraja. Ali, Bog opet ima Njegovo saosjećanje prema njemu i nije mu oduzeo život.

U slučaju nevjernika, osoba može da se suoči sa ovom vrstom situacije jer još nije prihvatio Boga, čak i posle patnje u mnogim vrstama nesreća. U slučaju vjernika, to je zato što oni nisu održavali riječ Božju već su ispoljavali zlo nad zlom.

Mi često vidimo da su neki ljudi potrošili bogatstvo u izlečenju od njihovih bolesti ali su i dalje čekali na smrt. To su oni koje je pogodila pošast tame.

Oni takođe pate od neuroitičnih bolesti kao što su depresija, nesanica i nervni slom. Oni se osjećaju bespomoćno u nesrećama u njihovom nastavljanju svakodnevnog života.

Ako oni razumiju, pokaju se i okrenu se od svojeg zla, Bog će imati milosti prema njima i ukloniće nevjerovatne patnje od njih.

Ali u Faraonovom slučaju, on je očvrsao svoje srce još i više i stao je protiv Boga na kraju. To je isto i danas. Neki tvrdoglavi ljudi ne dolaze pred Bogom bez obzira u koliko teškoj situaciji da se nalaze. Kada su oni ili članovi njihove porodice pogođeni sa ozbiljnom bolesti, kada izgube svoje bogatstvo i kada su njihovi životi u opasnosti, oni žele da se pokaju pred Bogom.

Ako mi nastavimo da stajemo protiv Boga čak i u sredini male nesreće, na kraju, pošast smrti će biti nanešena.

### Pošast smrt prvorođenčadi

Bog je dozvolio Mojsiju da zna šta će se sljedeće dogoditi u Izlazku.

*Još ću jedno zlo pustiti na Faraona i na Misir, pa će vas onda pustiti. Pustiće sasvim, i još će vas tjerati. A sada kaži narodu neka svaki čovjek ište u susjeda svog i svaka žena u susjede svoje nakita srebrnih i nakita zlatnih* (Izlazak 11:1-2).

Mojsije je bio u situaciji u kojoj bi mogao da bude čak i ubijen ako se pojavi opet pred Faraona, ali on je stao pred Faraona da mu iznese volju Boga.

*I pomreće svi prvenci u zemlji misirskoj, od*

*prvenca Faraonovog, koji htjede sedjeti na prijestolju njegovom, do prvenca sluškinje za žrvnjem, i od stoke šta je god prvenac. I biće vika velika po svoj zemlji misirskoj, kakve još nije bilo niti će je kad biti* (Izlazak 11:5-6).

Onda, kao što je rečeno, sva prvorođenčadi ne samo Faraonovo i njegovih sluga već svi u Egiptu; i sva stoka je umrla.

Postojao je veliki plač u Egiptu, jer nije bilo doma u kome prvorođenče nije umrlo. Zato što je Faraon očvrsao srce do kraja i nije se okrenuo, pošast smrti je čak pao i na njih.

## Duhovno značenje pošasti smrti prvorođenčadi

Pošast smrti prvorođenčadi odnosi na situaciju u kojoj osoba sama, ili njegovi oni najvoljeniji, vjerovatno njegovo dijete, ili neko među članovima porodice, umire ili ode na put potpunog uništenja nemajući mogućnost da dobije spasenje.

Mi možemo da nađemo ovakvu vrstu slučaja takođe u Bibliji. Prvi kralj Izraela, Saul, nije se povinovao riječi Božjoj koji je rekao da uništi sve u Amaleku. Takođe, on je pokazao svoju aroganciju prinoseći žrtvu paljenicu Bogu sam, što su mogli svještenici da urade. Na kraju, on je bio ostavljen od Strane Boga.

U ovoj vrsti situacije, radije nego da razumije svoje grijehove i da se pokaje, on je pokušao da ubije svog vjernog slugu Davida.

Kada su ljudi pratili Davida, sve dublje i dublje je on padao u zlo misleći da će ih David pobuniti protiv njega.

Tako da, čak i kada je David svirao harfu sa njim, Saul je bacio strijelu da bi ubio Davida. On je takođe poslao Davida u bitku koju je po njemu bilo nemoguće da dobije. On je čak poslao njegove vojnike u Davidovu kuću da ga ubiju.

Šta više, samo što su oni pomagali Davidu, on je ubio svještenika Božjeg. On je skupljao mnoga zla djela. Na kraju, on je izgubio bitku i umro je užasnom smrću. Sopstvenom rukom je ubio sebe.

Šta je sa svještenikom Ilijom i njegovi sinovima? Ilija je bio svještenik u Izraelu za vrijeme sudija i bio je kao dobar primjer. Ali njegovi sinovi Ofnije i Fines su bili bezvrijedni i nisu znali Boga (1. Samuilova Poslanica 2:12).

Pošto je njihov otac bio svještenik, oni su takođe imali posao u služenju Bogu ali oni su prezirali žrtve paljenice namjenjene Bogu. Oni su pipali meso žrtva paljenica namjenjena Bogu prije Boga i čak su i legali sa ženom koja je služila na pragu šatora za sastanke.

Ako djeca idu pogriješnim putem roditelji moraju da ih ukore i ako oni ne slušaju, roditelji moraju da sprovedu strožije mjere kako bi zaustavili svoju djecu. Ovo je dužnost i iskrena ljubav roditelja. Ali svještenik Ilija je rekao: „Zašto činite takve stvari? Ne."

Njegovi sinovi se nisu okrenuli od svojih grijehova i kletva je pala na njegovu porodicu. Njegova dva sina su ubijena u bitci.

Čuvši ove novosti, Ilija je pao sa stolice i polomio je vrat i umro je. Takođe, njegova snaja je imala šlog u njenom ranom nošenju i na kraju je umrla.

Samo dok posmatramo ove slučajeve, mi možemo da razumijemo da kletve i tragične smrti ne dolaze tek tako bez uzroka.

Kada neko žive u nepokoravanju Božjoj riječi, on ili neko od članova njegove porodice će se suočiti sa smrću. Neki ljudi se vraćaju pred Bogom samo kada vide ovakve smrti.

Ako se oni ne okrenu čak i kada se suoče sa pošast smrti prvorođenčadi, oni ne mogu zauvijek biti spašeni i to je najveća pošast. Prema tome, prije nego što ikakva pošast dođe i ako je pošast došla, vi treba da se pokajete u vašim grijehovima prije nego što bude mnogo kasno.

U slučaju Faraona, samo nakon što je patio od svih deset pošasti on je priznao Boga sa strahom i pustio je ljude Izraela da idu.

> *I dozva Mojsija i Arona po noći i reče: „Ustajte, idite iz naroda mog i vi i sinovi Izrailjevi, i otidite, poslužite Gospodu, kao što govoriste. Uzmite i ovce svoje i goveda svoja, kao što govoriste, i idite, pa i mene blagoslovite"* (Izlazak 12:31-32).

Kroz Deset pošasti, Faraon je jasno pokazao svoje očvrslo srce i bio je prinuđen da pusti Izraelce. Ali uskoro je zažalio zbog toga.

On je opet promjenio svoje misli. On je uzeo cijelu svoju vojsku i kočije Egipta i jurio je za Izraelcima.

*I upreže u kola svoja, i uze narod svoj sa sobom; i uze šest stotina kola izabranih i šta još bijaše kola misirskih, i nad svima vojvode. I GOSPOD učini te otvrdnu srce Faraonu caru misirskom, i pođe u potjeru za sinovima Izrailjevim, kad sinovi Izrailjevi otidoše pod rukom visokom* (Izlazak 14:6-8).

Bilo je sasvim dovoljno da se potčini Bogu nakon što je iskusio smrt prvorođenčeta, ali uskoro je zažalio što je pustio Izraelce da odu. On je uzeo svoju vojsku da ih progoni. Ali vidjevši ovo, mi možemo da razumijemo koliko očvrslo i tvrdoglavo ljudsko srce može biti. Na kraju, Bog mu nije oprostio i nije imao drugog izbora nego da ga ostavi da umre u vodama Crvenog mora.

*A GOSPOD reče Mojsiju: „Pruži ruku svoju na more, neka se vrati voda na Misirce, na kola njihova i na konjike njihove." I Mojsije pruži ruku svoju na more, i dođe opet more na silu svoju pred zoru, a Misirci nagoše bježati prema moru; i GOSPOD baci Misirce usred mora. A vrativši se voda potopi kola i konjike sa svom vojskom Faraonovom, što ih god bijaše pošlo za njima u more, i ne osta od njih nijedan* (Izlazak 14:26-28).

Čak i danas, zli ljudi će moliti za šansu kada su u teškoj situaciji. Ali kada im je šansa zaista pružena, oni će se vratiti svojoj zlobi. Kada se zlo nastavlja na ovaj način, oni će se na kraju suočiti sa smrću.

## Život u neposlušnosti i život u poslušnosti

Postoji jedna veoma važna stvar koju moramo jasno da razumijemo; to je da kada smo učinili nešto pogriješno i to razumijemo, mi ne smemo da zlu pridodajemo nikakvo dalje zlo, već da hodamo na put pravednosti.

1. Petrova Poslanica 5:8 kaže: *„Budite treznog duha i budite na oprezu. Jer suparnik vaš, đavo, kao lav ričući hodi i traži koga da prožere. Branite se od njega tvrđom u vjeri, znajući da se takva stradanja događaju vašoj braći po svijetu."*

1. Poslanica Jovanova 5:18 takođe govori: *„Znamo da nijedan koji je rođen od Boga, ne griješi, nego koji je rođen od Boga čuva se, i nečastivi ne dohvata se do njega."*

Prema tome, ako ne činimo grijehove već živimo savršeno po riječi Božjoj, Bog će nas zaštititi sa Njegovim blaženim očima, tako da mi nećemo imati brige o ničemu.

U našoj okolini, mi vidimo da se mnogi ljudi suočavaju sa nesrećama, ali oni čak i ne razumiju zašto se susreću sa tako mnogim nesrećama. Takođe, mi vidimo da neki vjernici pate od mnogih nesreća.

Neki se suočavaju sa pošastima krvi i komaraca, neki drugi sa pošasti grada ili skakavca. Opet drugi se suočavaju sa pošast smrti prvorođenčadi i šta više, oni se suočavaju sa pošast sahrane u vodi.

Prema tome, mi ne treba da živimo život u neposlušnosti kao Faraon već živto u poslušnosti, kako se ne bi suočili sa ni jednom od ovih pošasti.

Čak iako smo u situaciji gdje mi ne možemo da izbjegnemo pošast smrti prvorođenčadi ili pošast tame, nama može biti oprošteno ako se pokajemo i okrenemo od grijeha odmah. Baš kao što je i sa Egipćanskom vojskom koja je bila sahranjena u Crvenom moru, ako mi što duže odlažemo i ne okrenemo se, postojaće vrijeme koje će doći i kada će biti mnogo kasno.

# O životu u *poslušnosti*

Ako dobro uzaslušaš glas GOSPODA Boga svog držeći i tvoreći sve zapovijesti Njegove, koje ti ja danas zapovjedam, uzvisiće te GOSPOD Bog tvoj više svih naroda na zemlji. I doći će na te svi ovi blagoslovi, i steći će ti se, ako uzaslušaš glas GOSPODA Boga svog: Blagosloven ćeš biti u gradu, i blagosloven ćeš biti u polju. Blagosloven će biti plod utrobe tvoje, i plod zemlje tvoje i plod stoke tvoje, mlad goveda tvojih i stada ovaca tvojih. Blagoslovena će biti kotarica tvoja i naćve tvoje. Blagosloven ćeš biti kad dolaziš i blagosloven ćeš biti kad polaziš (Ponovljeni Zakon 28:1-6).

Poglavlje 7

# Pasha (Jevrejski uskrs) i put spasenja

## Izlazak 12:1-28

*I reče GOSPOD Mojsiju i Aronu u zemlji misirskoj govoreći: „Ovaj mjesec da vam je početak mjesecima, da vam je prvi mjesec u godini. Kažite svemu zboru Izrailjevom i recite: 'Desetog dana ovog mjeseca svaki neka uzme jagnje ili jare, po porodicama, po jedno na dom'" (1:3).*

*„I čuvajte ga do četrnaestog dana ovog mjeseca, a tada savkoliki zbor Izrailjev neka ga zakolje uveče. I neka uzmu krvi od njega i pokrope oba dovratka i gornji prag na kućama u kojima će ga jesti. I neka jedu meso iste noći, na vatri pečeno, s hlebom prijesnim i sa zeljem gorkim neka jedu. Nemojte jesti sirovo ni u vodi kuvano, nego na vatri pečeno, zajedno s glavom i s nogama i s drobom. I ništa nemojte ostaviti do jutra, ako li bi šta ostalo do jutra, spalite na vatri. A ovako jedite: opasani, obuća da vam je na nogu i štap u ruci, i jedite hitno, jer je prolazak GOSPODNJI" (6:11).*

Do sada, mi možemo da vidimo da su Faraon i njegove sluge nastavili da žive živote u neposlušnosti prema riječi Božjoj.

Kao ishod, bilo je manjih pošasti na svim zemljama Egipta. Kako su oni nastavili da ne slušaju, mnoge bolesti su im nanesene, njihovo bogatstvo je nestalo i na kraju oni su izgubili svoje živote.

Suprotno tome, iako su živjeli u istoj zemlji Egipta, izabran narod Izraela nije patio ni od jedne pošasti.

Kada je Bog pogodio živote sa zadnjom pošasti, Izraelci nisu imali ni jedan izgubljeni život. To je zato što je Bog pokazao Izraelcima put spasenja.

Ovo se ne odnosi samo na ljude Izraela mnogo hiljada godina ranije, ali na isti način jednako važi i za nas danas.

## Način da se izbjegne pošast smrti prvorođenčadi

Prije nego što se pošast smrti prvorođenčadi dogodila, Bog je rekao Izraelcima način kako da izbjegnu pošast.

> *„Kažite svemu zboru Izrailjevom i recite: 'Desetog dana ovog mjeseca svaki neka uzme jagnje ili jare, po porodicama, po jedno na dom'"* (Izlazak 12:3).

Sa početkom pošasti krvi kroz pošast tame, čak iako ljudi Izraela nisu ništa sami učinili, Bog ih je samo zaštitio sa Njegovom moći. Ali odmah prije pošasti smrti, Bog je želio neka djela poslušnosti od ljudi Izraela.

To je bilo da uzmu jagnje i da stave malo krvi na okvire vrata i grede kuća i da jedu jagnje pečeno oko vatre u kući. Ovo je bio znak da se razlikuje narod Božji kada će Bog ubijati svu prvorođenčad ljudi i životinje Egipta.

Pošto je zadnja pošast prolazila pored domova koja su imala krv jagnjeta, Jevreji su ipak slavili ovaj dana kao Pashu, na koji su bili spašeni.

Danas, Pasha je najveći post kod Jevreja. Oni su jeli jagnje, prijesni hljeb i gorke trave da bi proslavili ovaj dan. Više detalja će biti opisano u poglavlju 8.

## Uzmi jagnje

Bog im je rekao da uzmu jagnje jer jagnje duhovno predstavlja isusa Hrista.

Uopšteno govoreći, oni koji vjeruju u Boga su nazvani, Njegovim „ovcama." Mnogi ljudi misle da je „jagnje" „novi vjernik" ali u Bibliji, mi možemo da nađemo da se „jagnje" odnosi na Isusa Hrista.

U Jevanđelju po Jovanu 1:29, Jovan Krstitelj je rekao, pokazivanjem na Isusa: *„Gle, jagnje Božje koje uze na se grijehe svijeta!"* 1. Poslanica Petrova 1:18-19 govori: *„Vi niste iskupljeni sa propadljivim srebrom ili zlatom iz sujetnog svog življenja koje ste naslijedili od otaca, nego skupocijenom* *krvlju, kao od bezazlenog i prečistog jagnjeta, krvlju Hrista."*

Isusove osobine i djela nas podsjećaju na nježno jagnje. Jevanđelje po Mateju 12:19-20 kaže: *„Neće se svađati ni vikati, niti će čuti ko po rasputicama glas Njegov. Trsku stučenu neće prelomiti i sveštilo zapaljeno neće ugasiti dok pravda ne održi pobjedu."*

Baš kao što ovca čuje samo glas svog pastira i njega prati, Isus se samo povinovao sa „Da" i „Amin" pred Bogom (Otkrivenje Jovanovo 3:14). Sve dok nije umro na krstu, On je želio da ispuni volju Božju (Jevanđelje po Luki 22:42).

Jagnje nam daje meko krzno, veoma hranljivo mlijeko i meso. Slično tome, Isus je takođe bio žrtva paljenica da bi nas pomirio sa Bogom kako je On prolio Njegovu vodu i krv na krstu.

Prema tome, mnogi dijelovi iz Biblije porede Isusa sa jagnjetom. Kada je Bog uputio Izraelce sa običajima Pashe, On im je takođe do detalja rekao kako da se posluže sa jagnjetom.

> *Ako li je dom mali za jagnje ili jare, neka uzme k sebi susjeda, koji mu je najbliži, s onoliko duša koliko treba da mogu pojesti jagnje ili jare. „A jagnje ili jare da vam bude zdravo, muško, od godine; između ovaca ili između koza uzmite"* (Izlazak 12:4-5).

Ako su bili suviše siromašni, ili ako nije bilo dovoljno članova u porodici da pojedu cijelo jagnje, oni su mogli da uzmu jagnje ili od ovce ili koze i mogli su čak i da podjele jedno jagnje sa komšijskom porodicom. Mi možemo da osjetimo delikatnu ljubav Boga koja obiluje u samilosti.

Razlog zašto im je Bog rekao da uzmu neokaljano muško godinu dana staro je taj jer je meso najukusnije u tom trenutku jer se još nije parilo. Takođe, kao što je u slučaju ljudi, to je vrijeme mladih, kada su najljepši i najčistiji.

Zato što je Bog sveti bez mana i mrlja, On im je rekao da uzmu jagnje u najboljem vremenu, jagnje godinu dana staro.

## Nanesite krv i ne izlazite do jutra

Bog je rekao da oni moraju da uzmu jagnje u skladu sa brojem njihovog domaćinstva. U Izlazku 12:6 mi nailazimo da oni nisu odma ubijali jagnje, ali nakon što su ga čuvali četiri dana, u sumrak je to trebalo da se učini. Bog im je dao vrijeme da se pripreme za to sa svom iskrenošću u srcima.

Zašto je Bog rekao da moraju da ga ubiju u sumrak?

Ljudska kultivacija, koja počinje sa Adamovim nepokoravanjem, može biti uopšteno kategorisana u tri dijela. Od Adama pa do Avrama je oko 2000 godina i ovo je period vremena kada počinje ljudska kultivacija. U odnosu na jedan dan, to je jutro.

Poslije toga, Bog je imenovao Avrama kao oca vjere i od Avramovog vremena pa sve do dolaska Isusa na ovu zemlju, to je takođe oko 2000 godina. Ovo je kao dnevno vrijeme.

Od vremena kada je Isus došao na ovu zemlju pa sve do danas, to je takođe oko 2000 godina. Ovo je kraj vremena ljudske kultivacije i sumrak dana (1. Jovanova poslanica 2:18; Judina Poslanica 1:18; Poslanica Jevrejima 1:2; 1. Petrova Poslanica 1:5; 20).

Vrijeme kada je Isus došao na ovu zemlju da nas iskupi od naših grijehova kroz njegovu smrt pa sve do krsta pripada poslednjem dobu ljudske kultivacije i zbog toga im je Bog rekao da ubiju jagnje u sumrak a ne u toku dana.

Onda, ljudi su trebali da nanesu krv jagnjeta na oba okvira vrata i na grede (Izlazak 12:7). Krv jagnjeta se duhovno odnosi na krv Isusa Hrista. Bog im je rekao da namažu krv jagnjeta na okvire vrata i na grede zato što smo mi spašeni sa krvlju Isusa. Prolivanjem krvi i umiranjem na krstu, Isus nas je iskupio od naših grijehova i spasio naše živote; ovo je duhovno značenje koje se podrazumijeva.

Zato što je to sveta krv koja nas iskupljuje od grijehova, oni nisu morali da namažu krv na pragu gdje ljudi gaze, već samo na okvirima vrata i grede.

Isus je rekao: *„Ja sam vrata; ko uđe kroza Me spašće se, i ući će i izići će, i pašu će naći"* (Jevanđelje po Jovanu 10:9). Kao što je rečeno, u noći pošasti smrti prvorođenčadi, sva domaćinstva koja nisu imala krv, imala su smrt u njima ali ona domaćinstva koja su namazala krv su bila spašena od smrti.

Ali čak iako su oni namazali krv jagnjeta, ako su izlazili

van vrata, oni nisu mogli da budu spašeni (Izlazak 12:22). Ako su izlazili napolje, to znači da oni nisu imali nikakve veze sa zavjetima Božjim i oni su morali da se suoče sa pošasti smrti prvorođenčadi.

Duhovno, van vrata simbolizuje tamu koja nema ništa sa Bogom. To je svijet neistine. Na isti način, čak iako smo prihvatili Gospoda, mi ne možemo biti spašeni ako Njega napustimo.

## Ispecite jagnje i pojedite ga kao cijelog

Postojala je smrt u domaćinstvima Egipćanina i postojao je veliki plač. Počevši od Faraona, koji se nije plašio Boga ni malo čak i posle mnogo moćnih djela Božjih koja su pokazana svim Egipćanima, veliki plač je razbio tišinu u dubokoj noći.

Ali sve do jutra, Izraelci nisu uopšte izlazili napolje. Oni su samo jeli jagnje u skladu sa Božjom riječi. Koji je bio razlog što su oni morali cijelu noć da jedu meso jagnjeta? Ovo sadrži duboko duhovno značenje.

Prije nego što je Adam jeo sa drveta spoznaje dobra i zla, on je živio pod kontrolom Božjom koji je svjetlost, ali pošto se nije povinovao i jeo je sa drveta, on je postao sluga grijeha. Zbog ovoga, sva njegova, pokolenja, svo čovječanstvo, palo je pod kontrolom neprijatelja đavola i Sotone, vladalaca tame. Prema tome, ovaj svijet je tama ili noć.

Baš kao što su Izraelci morali da jedu jagnje cijelu noć, mi koji duhovno živimo u svijetu tame moramo da jedemo tijelo Sina Čovjeka, koji je riječ Božja koja je svjetlost i pijemo Njegovu krv, kako bi mogli da primimo spasenje. Bog im je do detalja rekao kako da jedu jagnje. Oni su morali da ga jedu sa prijesnim hljebom i gorkim travama (Izlazak 12:8).

Kvasac je vrsta gljivica koji se koristi da hljeb naraste i on fementiše hranu kako bi je učinio mnogo ukusnijom i mekanom. Hljeb bez kvasca je manje ukusniji nego hljeb koji je napravljen sa njim.

Pošto je to bila očajna situacija u kojoj se živi ili ne, Bog im je dozvolio da jedu jagnje sa manje ukusnijim prijesnim hljebom i gorkim travama kako bi im dao da upamte dan.

Takođe, kvasac se odnosi na grijeh i zlo u duhovnom smislu. Zbog toga, „jesti prijesan hljeb bez kvasca" simbolizuje da mi moramo da otklonimo grijehove i zlo da bi dobili spasenje života.

I Bog im je rekao da peču jagnje nad vatrom, da ga ne jedu sirovo ili kuvano u vodi i da treba da ga pojedu celo, glavu, noge i utrobu (Izlazak 12:9).

Ovde, „da ga jedu sirovo" znači da interpretiraju dragocijenu riječ Božju u bukvalnom smislu.

Na primjer, Jevanđelje po Mateju 6:6 kaže: „*A ti, kad se moliš, uđi u unutrašnju, tajnu sobu svoju, zatvori vrata svoja i moli se Ocu svom koji je u tajnosti, i Otac tvoj koji vidi šta je urađeno u tajnosti, nagradiće te.*" Ako je bukvalno interpretiramo, mi moramo da idemo u unutrašnju sobu, zatvorimo vrata i molimo se. Ali nigdje u Bibliji mi ne možemo da nađemo da se bilo koji čovjek Božji molio u unutrašnjoj sobi sa zatvorenim vratima.

Duhovno „ući u sobu i moliti se" znači da mi ne smijemo da imamo prazne misli, već da se molimo svim našim srcem.

U našoj ishrani ako jedemo sirovo meso, mi ćemo možda dobiti neku infekciju zbog parazita ili čak i stomačni virus. Ako interpretiramo bukvalno riječ Božju, mi ćemo je pogriješno razumijeti i to će nas dovesti do problema. Onda, mi ne možemo da imamo duhovnu vjeru, tako da će nas to čak i udaljiti od spasenja.

„Skuvati ga u vodi" znači „dodati filozofiju, nauku, medicinsku nauku ili ljudske misli u riječi Božjoj." Ako mi skuvamo meso u vodi, sok mesa će izaći napolje i onda ti postoji veliki gubitak hranljivih materija. Na isti način, ako mi dodamo znanje ovog svijeta na riječ istine, mi ćemo imati neku vjeru kao znanje, ali mi ne možemo da imamo duhovnu vjeru. Prema tome, to nas ne dovodi do spasenja.

Sada, šta znači ispeći jagnje nad vatrom?

Ovdje „vatra" ima značenje „vatre Svetog Duha." Naime, riječ Božja je napisana u inspiraciji Svetog Duha i prema tome, kada je mi čujemo i pročitamo, mi to moramo da učinimo do mjere ispunjenja i sa inspiracijom Svetog Duha. Drugačije, to će samo postati parče znanja i nećemo ga dobiti kao duhovni hljeb.

Kako bi jeli riječ Božju pečenu na vatri, mi moramo da imamo revnosne molitve. Molitva je kao ulje i to je izvor koji nam daje ispunjenje Svetim Duhom. Kada mi uzmemo riječ Božju sa inspiracijom Svetog Duha, riječ će biti ukusnije slađa nego med. To znači da mi slušamo riječ sa žednim srcem kao zadihani jelen za potokom vode. Prema tome, mi osjećamo da je vrijeme u slušanju riječi Božje tako dragocijeno i nikada nam to neće dosaditi.

Kada mi slušamo riječ Božju, ako mi upotrebljavamo ljudske misli ili naše sopstveno iskustvo ili znanje, mi možda nećemo razumijeti mnoge stvari.

Na primjer, Bog nam govori ako nas neko udari u jedan obraz, da mu takođe okrenemo i drugi, a ako nam neko potraži bluzu da mu takođe damo ogrtač, a ako nas neko prisili da idemo sa njim jednu milju, da sa njim pređemo dvije milje. Takođe, mnogi ljudi misle da je ispravno da se svetimo, ali Bog nam govori da volimo čak i naše neprijatelje, ponizimo sebe i da služimo drugima (Jevanđelje po Mateju 5:39-44).

Zbog toga mi moramo da slomimo sve naše misli i da uzmemo riječ Božju samo uz inspiraciju Svetog Duha. Samo onda će riječ Božja postati naš život i snaga, tako da ćemo mi onda moći da odbacimo neistinu i bićemo vođeni ka putu vječnog života.

Uopšteno, mnogo je ukusnije kada se ispeče meso na vatri i to je način na koji možemo da izbjegnemo infekcije. Na isti način, neprijatelj đavo i Sotona ne mogu da rade nad onima koji su uzeli riječ Božju duhovno sa osjećajem da je slađe nego med.

Šta više, Bog im je rekao da jedu hljeb, njegove noge i iznutrice. Ovo znači da mi moramo da uzmemo svih 66 knjiga Biblije, a da ne izostavimo ni jednu od njih.

Biblija sadrži pravo postojanje i proviđenje ljudske kultivacije. Šta više, ona sadrži puteve da postanemo Božja djeca. Ono sadrži proviđenje spasenja koje je bilo skriveno još prije početka vremena. Biblija sadrži volju Boga.

Prema tome, „jesti glavu, noge i iznutrice" znači da mi moramo da uzmemo Bibliju kao cio početak sa Knjigom Postojanja pa do Knjige Otkrivenja Jovanovog.

## Ne ostavljajte ništa od toga do sutra, jedite u žurbi

Ljudi Izraela su jeli jagnje pečeno nad vatrom u svojim domovima i nisu ostavili ništa sve do jutra, jer Izlazak 12:10 govori: *„I ništa nemojte ostaviti do jutra; ako li bi šta ostalo do jutra, spalite na vatri."*

„Jutro" je kada tama nestaje i svjetlost dolazi. Duhovno, to se odnosi na drugi dolazak Gospoda. Nakon što se On vrati, mi nećemo moći da pripremimo naše ulje (Jevanđelje po Mateju 25:1-13), a tako, mi treba da uzmemo riječ Božju marljivo i da je praktikujemo prije nego što se Gospod Isus vrati.

Takođe, ljudi mogu da žive oko 70 ili 80 godina i mi ne znamo kada će se naši životi završiti. Prema tome, mi treba marljivo da uzimamo riječ Božju sve vrijeme.

Ljudi Izraela morali su da se udalje iz Egipta nakon što se dogodila pošast smrti prvorođenčadi i zato im je Bog rekao da u žurbi jedu.

*A ovako jedite: opasani, obuća da vam je na nogu i štap u ruci, i jedite hitno, jer je prolazak GOSPODNJI* (Izlazak 12:11).

Ovo znači da su oni trebali da se spreme za odlazak u svojoj odjeći i obuveni. Imati opasana krsta i sandale na nogama znači da moraju da budu u potpunosti pripremljeni.

Kako bi dobili spasenje kroz Isusa Hrista na ovom svijetu, što je kao Egipat koji je bio pošast patnje i da bi ušli u kraljevstvo nebesko, što je kao obećana zemlja Kan, mi takođe moramo uvijek da budemo budni i spremni.

Baš kao što im je Bog rekao da imaju štap u svojim rukama, „štap " duhovno simbolizuje vjeru. Kada mi hodamo ili se penjemo uz planinu, ako imamo štap biće mnogo bezbednije i lakše i mi nećemo pasti.

Razlog zašto je štap dat Mojsiju je bio taj što Mojsije nije primio Svetog Duha u srcu. Bog je dao Mojsiju štap što duhovno predstavlja vjeru. Na ovaj način ljudi Izraela su mogli da iskuse moć Božju kroz štap koji je fizički bio vidljiv očima i djela Izlazka iz Egipta su mogla da budu ispunjena.

Čak i danas, da bi ušli u vječno nebesko kraljevstvo, mi moramo da posjedujemo duhovnu vjeru. Mi možemo da dostignemo spasenje samo kada vjerujemo u Gospoda Isusa Hrista koji je umro na krstu bez grijeha i koji je vaskrso. Mi možemo da dostignemo potpuno spasenje samo kada praktikujemo riječ Božju dok jedemo tijelo Gospoda i pijemo Njegovu krv.

Šta više, sada je vrijeme koje je čak i bliže da se Gospod vrati. Prema tome, mi treba da se povinujemo riječi Božjoj i revnosno se molimo kako bi uvek pobjeđivali u bitkama protiv sila tame.

*Toga radi uzmite sve oružje Božje, da biste se mogli braniti u zli dan, i svršivši sve održati se. Stanite dakle opasavši bedra svoja istinom i obukavši se u oklop pravde, i obuvši noge u pripravu jevanđelja mira; a svrh svega uzmite štit vjere o koji ćete moći pogasiti sve raspaljene strele nečastivog. I kacigu spasenja uzmite, i mač duhovni koji je riječ Božja* (Poslanica Efežanima 6:13-17).

Poglavlje 8

# Obrezivanje i Sveto pričešće

### Izlazak 12:43-51

*I reče GOSPOD Mojsiju i Aronu: "Ovo neka bude zakon za pashu: nijedan tuđin da je ne jede" (43).*

*A niko neobrezan da je ne jede (48).*

*„Zakon jedan da je i rođenom u zemlji i došljaku koji sedi među vama" (49).*

*I taj dan izvede GOSPOD sinove Izrailjeve iz zemlje misirske u četama njihovim (51).*

Proslava posta Pashe se održava u najdužem učestalom periodu na svetu, više od 3500 godina. To je bio temelj osnivanja zemlje Izraela.

Pasha je (פסח (Pesach)) na Jevrejskom i znači kako ime govori preći preko nečega ili oprostiti. To znači da je sjenka tame prošla pored kuća Izraela gdje su okviri vrata i grede bile namazane krvlju kada je pošast smrti prvorođenčadi pala na Egipat.

U Izraelu, čak i danas, oni čiste kuće i sklanjaju sav hljeb sa kvascem iz kuća za vrijeme Pashe. Čak i mala djeca pretražuju ispod kreveta ili iza namještaja sa lampama neke mrvice ili hljeb koji sadrži kvasac i sklanjaju ga. Takođe, svako domaćinstvo obeduje u skladu sa pravilima Pashe. Glava porodice donosi Pashu na sjećanje i oni proslavljaju Izlazak.

„Zašto jedemo Matzah (prijesni hljeb) večeras?"

„Zašto jedemo Maror (gorka trava) večeras?"

„Zašto jedemo peršun nakon njegovog potapanja u slanu vodu dva puta? Zašto jedemo gorku travu sa Aroset (Harosheth) (Crvenkasto obojena tegla, simbolizuje pečenje cigla u Egiptu)?"

„Zašto ležimo i jedemo hranu Pashe?"

Vođa ceremonije objašnjava da oni mora da jedu prijesni hljeb jer su morali da napuste Egipat u žurbi. Takođe, on objašnjava o jedenju gorkih trava da bi podsjetio na bol ropstva u Egiptu i jedenje peršuna potapanog u slanoj vodi u sjećanje na suze koje su prolili u Egiptu.

Ali sada, pošto su njihovi očevi oslobođeni ropstva, oni jedu hranu dok leže da bi izrazili slobodu i radost što mogu da se opruže dok jedu. I dok vođa govori o pričama o deset pošasti u Egiptu, svaki od članova drži malo vina u svojim ustima kada god se pošast spomene i pljuje ga u posebnu činiju.

Pasha je počela da se primjenjuje pre 3500 godina ali kroz hranu za vrijeme Pashe, čak i djeca sada imaju priliku da iskuse Izlazak. Jevreji i dalje održavaju ovu svetkovinu koju je Bog učvrstio hiljadama godina ranije.

Moć dijaspore, naime moć Jevreja koji su bili rasejani po svijetu da bi se vratili opet zajedno i uspostavili opet svoju zemlju, leži ovdje.

## Kvalifikacije za učesnike Pashe

Kada je noć pošasti smrti prvorođenčadi pala na Egipat, Izraelci su bili spaseni svojim povinovanjem riječi Božje. Ali da bi učestvovali u Pashi, oni su morali da se upoznaju sa uslovima.

> I reče GOSPOD Mojsiju i Aronu: „Ovo neka bude zakon za pashu: nijedan tuđin da je ne jede; a svaki sluga vaš kupljen za novce, kad ga obrežete, onda neka je jede. Došljak ili najamnik da je ne jede. U

*istoj kući da se jede, da ne iznesete mesa od nje iz kuće, i kosti da joj ne prelomite. Sav zbor Izrailjev neka čini tako. Ako bi kod tebe sjedio tuđin i htio bi svetkovati pashu GOSPODNJU, neka mu se obrežu sve muškinje, pa onda neka pristupi da je svetkuje, i neka bude kao rođen u zemlji. A niko neobrezan da je ne jede. Zakon jedan da je i rođenom u zemlji i došljaku koji sjedi među vama"* (Izlazak 43:49).

Samo oni koji su obrezani mogu da jedu hranu sa Pashe jer je obrezivanje prelomna stvar za život i duhovno se odnosi na stvar spasenja.

Obrezivanje je uklanjanje neke ili cijele kožice sa penisa i to se radi 8. dana od rođenja muškog djeteta bebe Izraela.

Postanak 17:9-10 kaže: *„I reče Bog Avramu: 'Ti pak drži zavjet moj, ti i sjeme tvoje nakon tebe od koljena do koljena. A ovo je zavjet moj između Mene i vas i sjemena tvog nakon tebe koji ćete držati. Da se obrezuju između vas sve muškinje.'"*

Kada je Bog dao zavjet blagoslova Avramu, ocu vjere, On mu je rekao da izvodi obrezivanje kao znak zavjeta. Oni koji nisu bili obrezani nisu mogli da dobiju blagoslove.

*A obrezivaćete okrajak tijela svog, da bude znak zavjeta između Mene i vas. Svako muško dijete kad mu bude osam dana da se obrezuje od koljena do koljena, rodilo se u kući ili bilo kupljeno za novce od kojih god stranaca, koje ne bude od sjemena tvog.*

*Da se obrezuje koje se rodi u kući tvojoj i koje se kupi za novce tvoje; tako će biti zavjet Moj na tijelu vašem zavjet vječan. A neobrezano muško, kome se ne obreže okrajak tijela njegovog, da se istrijebi iz naroda svog, jer pokvari zavjet moj* (Postanak 17:11-14).

Onda, zašto im je Bog rekao da budu obrezani osmog dana?

Kada je beba novorođenče nakon što je bila devet mjeseci u majčinoj utrobi, nije lako za nju da se prilagodi svemu u novoj okolini zato što se okolina razlikuje. Ćelije su još uvijek slabe ali nakon sedam dana, već im postaje poznato novo okruženje ali opet još nisu dovoljno aktivna.

Ako se kožica isiječe u ovo vrijeme, bol je minimalan i rana će veoma brzo zarasti. Ali kada neko poraste, koža je tvrđa i to bi moglo da bude mnogo bolno.

Bog je načinio da Izraelci izvedu obrezivanje 8 dana nakon rođenja, kako bi bilo od pomoći u sanaciji i zarastanju, čineći tako i Njegov zavjet u isto vrijeme.

## Obrezivanje, direktno povezano sa životom

Izlazak 4:24-26 kaže: *"I kad bijaše na putu u gostionici, dođe k njemu Gospod i htjede da ga ubije. A Sefora uze oštar nož, i obreza sina svog, i okrajak baci k nogama njegovim govoreći: 'Ti si mi krvav zaručnik!' Tada ga ostavi Gospod. A ona radi obrezanja reče: 'Krvav zaručnik.'"*

Zašto je Bog htio da ubije Mojsija? Mi to možemo da razumijemo ako shvatimo rođenje i rast Mojsija. U to vrijeme, da bi se Izraelci u potpunosti uništili, naređenje je dato da se ubiju sva novorođena muška djeca Jevreja. Za to vrijeme, Mojsijeva majka je njega sakrila. Ona ga je na kraju stavila u pletenu korpu i ostavila ga na obali Nila. Uz proviđenje Božje, njega je primjetila Egipatska princeza i on je takođe postao princ kao usvojeni sin princeze. Zbog toga on nije bio u situaciji da bude obrezan.

Iako je on bio prozvan kao vođa Izlaska, on još nije bio obrezan. Zbog toga je anđeo Božji želio da ga ubije. Slično tome, obrezivanje se direktno povezuje sa životom; ako je neko obrezan, to nema nikakve veze sa Bogom.

Poslanica Jevrejima 10:1 govori: „*Jer zakon imajući sjen dobara koja će doći, a ne samo obličje stvari,*" i zakon se ovdje odnosi na Stari Zavjet i „vrijeme koje će doći" je Novi Zavjet, naime Dobre Vijesti koje dolaze kroz Isusa Hrista.

Sjenka i pravi lik su jedno i oni ne mogu da postoje odvojeno. Prema tome, zapovijesti Božje o obrezivanju za vrijeme Starog Zavjeta, koji uređuju da će biti odbačeni među ljudima Božjim bez obrezivanja, još se praktikuju na nama na isti način danas.

Ali danas, za razliku od Starog Zavjeta, mi ne moramo da prolazimo kroz fizičko obrezivanje već kroz duhovno obrezivanje, što je obrezivanje srca.

## Fizičko obrezivanje i obrezivanje srca

Poslanica Rimljana 2:28-29 govori: *"Jer ono nije Jevrejin koji je spolja Jevrejin, niti je ono obrezanje koje je spolja, na tijelu; nego je ono Jevrejin koji je iznutra i obrezanje srca duhom a ne slovima, to je obrezanje; kome je hvala ne od ljudi nego od Boga."* Fizičko obrezivanje je samo sjena i prava slika u Novom Zavjetu je obrezivanje srca i ovo je ono što nam daje spasenje.

U vremenima Starog Zavjeta, oni nisu primali Svetog Duha i nisu mogli da odbace neistinu u svojim srcima. Zbog toga, oni su pokazali da pripadaju Bogu jer su fizički obrezani. Ali u vremenima Novog Zavjeta, kada mi prihvatimo Isusa Hrista, Sveti Duh dolazi u naša srca i Sveti Duh nam pomaže da živimo u istini kako bi mogli da odbacimo neistinu u srcu.

Obrezivanjem našeg srca je put da pratimo zapovijesti Starog Zavjeta da bi bili obrezani u srcu. To je takođe način da održavamo Pashu.

> *Obrežite se GOSPODU, i skinite okrajak sa srca svog* (Jeremija 4:4).

Šta znači da sklonimo okrajak sa srca? To je održavamo sve riječi koje nam Bog govori da činimo, da ne činimo, ili da odbacimo određene stvari.

Mi ne činimo stvari samo koje nam Bog govori da uradimo kao što su: „Nemoj da mrziš, nemoj da osuđuješ ili optužuješ i ne čini preljubu." Takođe, mi samo odbacujemo i održavamo kada nam On govori da odbacimo ili održavamo nešto, kao što je: „Odbaci sve oblike zla, održavaj Sabat, održavaj zapovijesti Božje."

Takođe, mi samo činimo ono što nam On govori da činimo kao što je: „Propovjedaj jevanđelje, moli se, praštaj voli i tako dalje." Čineći ovo, mi izbacujemo svu neistinu, zlo, nepravednost, bezakonje i tamu iz našeg srca da bi ga načinili čistim i onda to pratimo sa istinom.

## Obrezivanje srca i potpuno spasenje

U vrijeme Mojsija, Pasha je bila osnovana za Izraelce da bi izbjegli smrt prvorođenčadi prije Izlaska. Prema tome, to ne znači da je neko spašen samim učestvovanjem u Pashi.

Ako su vječno spašeni sa Pashom, onda bi svi Izraelci koji su izašli iz Egipta mogli da uđu u Zemlju u kojoj teče mlijeko i med, zemlju Hanan.

Ali stvarnost je bila da su stariji, osim Isusa Navina i Haleva, koji su bili iznad 20 za vrijeme Izlaska, nisu pokazali veru i dela u povinovanju. Oni su bili generacija koja je morala da ostane u pustinji četrdeset godina i tamo umre, a da ne vidi blagoslovenu zemlju Hanan.

To je isto i danas. Čak iako prihvatimo Isusa Hrista i postanemo dijete Božje to nije kompletno i zauvjek zagarantovano. To samo znači da smo ušli do same granice spasenja.

Prema tome, baš kao što je četrdeset godina iskušenja bilo potrebno za Izraelce da bi ušli u zemlju Hanan, da bi dobili stalno spasenje mi moramo da prođemo kroz proces obrezivanja sa riječi Božjom.

Jednom kada prihvatimo Isusa Hrista kao našeg ličnog Spasitelja, mi primamo Svetog Duha. Međutim „primiti Svetog Duha" ne znači da će naše srce biti u potpunosti čisto. Mi moramo da nastavimo sa obrezivanjem našeg srca sve dok ne dostignemo potpuno spasenje. Samo kada mi održavamo naše srce, koje je izvor života, kroz obrezivanje u srcu, mi dostižemo potpuno spasenje.

## Važnost obrezivanja srca

Samo kada mi očistimo naše grijehove i zlobu sa riječju Božju i presječemo ih sa mačem Svetog Duha, mi možemo da postanemo sveta djeca Božja i da vodimo život koji je oslobođen od nesreća.

Drugi razlog zašto mi moramo da obrežemo naša srca je da bi pobjedili u bici duhovne borbe. Iako je nevidljiva, postoji učestala borba između duhova dobrote koji pripadaju Bogu i zlih duhova.

Poslanica Efežanima 6:12 govori: *"Vaša borba nije protiv krvi i mesa, nego s poglavarima i vlastima, i sa silama ovog mračnog svijeta, s duhovima pakosti u nebeskim carstvima."*

Da bi pobjedili u borbi u ovoj duhovnoj borbi, mi apsolutno trebamo čista srca. To je zato što je u duhovnom svijetu, moć bezgriješna. Zbog toga Bog želi da obreže naša srca i On nam je rekao mnogo puta o važnosti obrezivanja.

*"Ljubazni, ako nam srce naše ne zazire, slobodu imamo pred Bogom. I šta god zaištemo, primićemo od Njega, jer zapovjesti Njegove držimo i činimo šta je Njemu ugodno"* (1. Poslanica Jovanova 3:21-22).

Kako bi mi dobili odgovore na naše životne probleme kao što su bolesti i siromaštvo, mi moramo da obrežemo naše srce. Samo kada mi očistimo naša srca, mi ćemo imati povjerenje pred Bogom i dobićemo sve što potražimo.

## Obrezivanje i Sveto pričešće

Slično tome, samo kada prođemo proces obrezivanja mi možemo da učestvujemo u Pashi. Ovo se odnosi danas na Sveto pričešće. Pasha je post gdje se jede jagnje a Sveto pričešće je gdje se jede hljeb i pije vino, što simbolizuje tijelo i krv Isusa.

*A Isus im reče: "Zaista, zaista vam kažem, ako ne*

*jedete tijelo Sina Čovječijeg i ne pijete krv Njegovu, nećete imati život u sebi. Koji jede Moje tijelo i pije Moju krv ima život vječni, i Ja ću ga vaskrsnuti u poslednji dan"* (Jevanđelje po Jovanu 6:53-54).

Ovde „Sin Čovječji" se odnosi na Isusa i tijelo Sina Čovječijeg se odnosi na 66 Knjiga Biblije. Jesti tijelo Sina Čovječijeg znači da uzmemo riječ istine Božje zapisane u Bibliji.

Takođe, baš kao što nam je potrebna tečnost u varenju hrane, mi moramo da jedemo tijelo Sina Čovječijeg, mi takođe moramo da pijemo u isto vrijeme da bi se to dobro varilo.

„Piti krv Sina Čovječijeg" znači da iskreno vjerujemo i da praktikujemo riječ Božju. Nakon što slušamo i nakon što dolazimo do nove riječi, ako je ne praktikujemo onda riječ Božja nema nikakvu svrhu za nas.

Kada mi razumijemo riječ Božju u šezdeset i šest Knjiga Biblije i praktikujemo je, onda će istina doći u naša srca i biće prihvaćena kao što naše tijelo prihvata hranljive materije. Onda, grijehovi i zlo će postati kao otpad koji treba odbaciti tako da ćemo mi postati sve više i više ljudi od istine koji stiču vječni život.

Na primjer, ako uzmemo hranljive materije istine nazvane „ljubav" i praktikujemo ih, ova riječ će biti prihvaćena u nama kao hranljiva materija. Stvari koje su suprotne kao što su mržnja i ljubomora će postati kao otpad koji treba odbaciti. Onda ćemo mi imati savršeno srce ljubavi.

Takođe, kako mi ispunjavamo naše srce sa mirom i

pravednosti, rasprave, svađe, razdori, ogorčenost i nepravda će nestati.

## Kvalifikacije za učešće u Svetom pričešću

Za vrijeme Izlaska, oni koji su bili obrezani imali su pravo da učestvuju u Pashi, tako da su oni mogli da izbjegnu smrt prvorođenčadi. Na isti način danas, kada mi prihvatimo Isusa Hrista kao našeg Spasitelja i primimo Svetog Duha, mi smo označeni kao Božja djeca i imamo pravo da učestvujemo u Svetom pričešću.

Ali Pasha je bila samo za spasenje od smrti prvorođenčadi. Oni su ipak morali i dalje da marširaju u divljini za potpuno spasenje. Na isti način, čak iako smo mi primili Svetog Duha i možemo da učestvujemo u Svetom pričešću, mi opet moramo da prođemo kroz proces da bi primili vječno spasenje. Pošto smo mi došli do kapije spasenja prihvatanjem Isusa Hrista, mi moramo da se povinujemo riječi Božjoj u našim životima. Mi moramo da marširamo ka kapiji nebeskog kraljevstva i vječnog spasenja.

Ako počinimo grijehove, mi ne možemo da učestvujemo u Svetom pričešću i da jedemo tijelo i pijemo krv Svetog Gospoda. Mi najprije treba da pogledamo na sebe, pokajemo se u svim našim grijehovima koje smo počinili i očistimo naša srca da bi mogli da učestvujemo u Svetom pričešću.

*Tako koji nedostojno jede ovaj hljeb ili pije čašu*

*Gospodnju, kriv je tijelu i krvi Gospodnjoj. Ali čovjek da ispituje sebe, pa onda od hljeba da jede i od čaše da pije. Jer koji nedostojno jede i pije, sud sebi jede i pije, ne razlikujući tijela Gospodnjeg* (1. Korinćanima Poslanica 11:27-29).

Neki kažu da samo oni koji su kršteni sa vodom mogu da učestvuju u Svetom pričešću. Ali kada prihvatimo Isusa Hrista, mi primamo Svetog Duha kao dar. Mi svi imamo pravo da postanemo djeca Božja.

Prema tome, ako smo primili Svetog Duha i postali smo dijete Božje, mi možemo da učestvujemo u Svetom pričešću nakon što se pokajemo u našim grijehovima, čak iako nismo bili kršteni još u vodi.

Kroz Sveto pričešće, mi se još jednom podsjećamo na milost Gospoda koji je visio na krstu i prolio Svoju krv zbog nas. Mi treba takođe da pogledamo na sebe i da naučimo da praktikujemo riječ Božju.

1. Korinćanima Poslanica 11:23-25 govori: ,,*Jer Ja primih od Gospoda šta vam i predadoh, da Gospod Isus onu noć u koju bivaše predan uze hljeb; i zahvalivši prelomi i reče: 'Uzmite, jedite, ovo je tijelo Moje koje se za vas lomi; ovo činite Meni za spomen.' Tako i čašu, po večeri, govoreći: 'Ova je čaša novi zavjet u Mojoj krvi; ovo činite, kad god pijete, Meni za spomen.'*"

Prema tome, ja vam zapovjedam da razumijete iskreno značenje Pashe i Svetog pričešća i marljivo jedete meso i pijete krv Gospoda kako bi mogli da odbacite sve oblike zla i ispunite obrezivanje u srcu u potpunosti.

## Poglavlje 9

# Izlazak i gozba prijesnim (beskvasnim) hljebom

## Izlazak 12:15-17

*„Sedam dana jedite hljebove prijesne, i prvog dana uklonite kvasac iz kuća svojih; jer ko bi god jeo šta s kvascem od prvog dana do sedmog, istrebiće se ona duša iz Izrailja. 'Prvi dan biće sveti sabor; tako i sedmi dan imaćete sveti sabor; nikakav posao da se ne radi u te dane, osim šta treba za jelo svakoj duši, to ćete samo gotoviti. I držite dan prijesnih hljebova, jer u taj dan izvedoh vojske vaše iz zemlje misirske; držite taj dan od koljena do koljena zakonom vječnim.'"*

## „Hajde da oprostimo, ali da ne zaboravimo."

To je rečenica napisana na ulazu u muzej Holokausta u Jerusalimu. Ona je tamo da bi zadržala sjećanje na šest miliona Jevreja koji su bili pogubljeni od strane nacista za vrijeme Drugog svjetskog rata i da se ne bi ista vrsta istorije ponovila.

Istorija Izraela je istorija sjećanja. U Bibliji, Bog im govori da se sjećaju prošlosti, da je čuvaju u mislima i da je čuvaju u generacijama.

Nakon što su Izraelci bili spašeni od smrti prvorođenčadi i nakon što su održali Pashu i bili izvedeni iz Egipta, Bog im je rekao da se pridržavaju Posta prijesnog hljeba. To je bi se oni vječno sjećali dana kada su bili oslobođeni od ropstva u Egiptu.

### Duhovno značenje Izlazka

Dan Izlazka nije samo dan slobode koji su ljudi Izraela povratili poslije hiljade godina.

„Egipat" u kojem su Izraelci živjeli kao robovi simbolizuje „ovaj svijet" koji je pod kontrolom neprijatelja đavola i Sotone. Baš kao što su Izraelci bili proganjani i maltretirani dok su bili robovi u Egiptu, ljudi pate od mnogih bolova i tuge koje neprijatelj đavo i Sotona donose kada ne znaju ništa o Bogu.

Kao što su Izraelci bili svjedoci Deset pošasti koje su se dogodile kroz Mojsija, oni su spoznali Boga. Oni su pratili

Mojsija van Egipta da bi stigli do obećane zemlje Kan, koju m je Bog obećao njihovom praocu Avramu.

Ovo je isto kao i sa današnjim ljudima koji su živjeli nepoznavajući Boga, ali su prihvatili Isusa Hrista.

Izraelci koji su izašli iz Egipta, gdje su bili robovi, mogu da se uporede sa ljudima koji si izašli iz ropstva prema neprijatelju đavolu i Sotoni o prihvatili Isusa Hrista i koji su postali Božja djeca.

Takođe, put Izraelaca do zemlje Hanan, gdje protiče mlijeko i med, se ne razlikuje od vjernika koji idu na put vjere ka nebeskom kraljevstvu.

## Zemlja Hanan, gdje protiče mlijeko i med

U procesu Izlaska, Bog nije vodio Izraelce direktno u zemlju Hanan. Oni su morali da putuju u pustinji jer je bila velika nacija Filistija na kraćem putu do Hanana.

Da bi prošli zemlju, oni su morali da vide rat protiv jakih Filistejca. Bog je znao, da su to uradili, oni ljudi koji nisu imali vjeru će poželeti da se vrate za Egipat.

Na isti način, oni koji su samo prihvatili Isusa Hrista nije im data odmah iskrena vjera. Tako da, ako se oni suoče sa testom koji je veliki kao moćna nacija Filistija i Filistejcima, oni ga možda neće preći i na kraju će se odreći vjere.

Zbog toga Bog govori: *„Drugo iskušenje ne dođe na vas*

*osim čovječijeg; ali je vjeran Bog koji vas neće pustiti da se iskušate većma nego što možete, nego će učiniti s iskušenjem i kraj, da možete podnijeti"* (1. Korinćanima Poslanica 10:13).

Baš kao što su Izraelci marširali u pustinji da bi stigli do zemlje Hanan, čak i nakon što postanemo djeca Božja, pred nama leži put vjere sve dok ne dostignemo nebesko kraljevstvo, zemlju Hanan.

Čak iako je pustinja bila teška, oni koji su imali vjeru nisu se vratili za Egipat jer su gledali ka napred da vide slobodu, mir i izobilje u zemlji Hanan u čemu nisu mogli da uživaju u Egiptu. Isto je i sa nama danas.

Čak iako mi ponekad moramo da hodamo po uskom i teškom putu, mi vjerujemo u prelijepu slavu nebeskog kraljevstva. Tako da, mi ne smatramo teškim trku vjere, već prevazilazimo uz pomoć i moć Boga.

Na kraju, ljudi Izraela su krenuli na put u zemlju Hanan, zemlju gdje protiče mlijeko i med. Oni su ostavili za sobom zemlju u kojoj su živjeli više od 400 godina i počeli su svoj marš u vjeri pod vođstvom Mojsija.

Postojali su ljudi koji su vodili stoku. Drugi su nosili odjeću, srebro i zlato koje su dobili od Egipćana. Neki su pakovali prijesno tijesto dok su drugi brinuli o djeci i starijima. Široka lepeza Izraelaca koji su žurili da se udalje je bila beskonačna.

*I otidoše sinovi Izrailjevi iz Ramese u Sohot, oko šest stotina hiljada pešaka, samih ljudi osim djece.*

*I drugih ljudi mnogo otide s njima, i stoke sitne i krupne vrlo mnogo. I od tijesta koje iznesoše iz Misira ispekoše pogače prijesne. Jer ne bijaše uskislo kad ih poteraše Misirci, te ne mogaše oklevati, niti spremiše sebi brašnjenice* (Izlazak 12:37-39).

Ovaj dan njihova srca su bila ispunjena slobodom, nadom i spasenjem. Da bi proslavili ovaj dan, Bog im je rekao da se pridržavaju Posta prijesnog hljeba kroz generacije.

## Post i prijesni hljeb

Danas, i hrišćanstvu, mi slavimo Uskrs umjesto Posta prijesnim hljebom. Uskrs je post koji se slavi da bi dali zahvalnost Bogu koji nam je dao oproštaj od svih naših grijehova kroz razapeće Isusa. Takođe, mi proslavljamo ovaj dan kao dan kada je postalo moguće da izađemo iz tame u svjetlost kroz Njegovo vaskrsnuće.

Post prijesnog hljeba je jedan od tri najglavnija posta Izraela. To je da bi se prisjećali činjenice da su izašli iz Egipta sa rukom Božjom. Sa početkom večeri Pasje, oni jedu prijesni hljeb sedam dana.

Čak i nakon što su on i Egipćani patili zbog mnogo pošasti, Faraon nije promjenio svoje misli. Na kraju Egipat je morao da pati od smrti prvorođenčadi i sam Faraon je izgubio svog sina prvenca. Faraon je brzo pozvao Mojsija i Arona i rekao im da odmah napuste Egipat. Tako da, oni nisu imali vremena da umjese hljeb sa kvascem. To je razlog zašto su oni morali da jedu prijesan hljeb.

Takođe, Bog im je dao da jedu prijesan hljeb kako bi mogli da se sjećaju bolnih vremena i da daju zahvalnost što su oslobođeni od ropstva.

Pasha je post koji podsjeća na spas od smrti prvorođenčadi. Oni su jeli jagnje, gorke trave i prijesni hljeb. Post prijesnim hljebom je da bi se sjećali činjenice da oni jedu prijesan hljeb zbog nedelju dana u pustinji nakon što su u žurbi izašli iz Egipta.

Danas, Izraelci uzimaju nedelju dana slobodno da bi održali Pashu koja uključuje Post prijesnim hljebom.

> *Ne jedi s njom hljeb kiseli; sedam dana jedi s njom prijesan hljeb, hljeb nevoljnički, jer si hiteći izašao iz zemlje misirske, pa da se opominješ dana kad si izašao iz Misira, dok si god živ* (Ponovljeni Zakon 16:3).

## Duhovno značenje posta prijesnim hljebom

> *Sedam dana jedite hljebove prijesne, i prvog dana uklonite kvasac iz kuća svojih; jer ko bi god jeo šta s kvascem od prvog dana do sedmog, istrebiće se ona duša iz Izrailja* (Izlazak 12:15).

Ovde „prvog dana" se odnosi na dan spasenja. Nakon što su bili spašeni od smrti prvorođenčeta i izašli iz Egipta, Izraelci su morali da jedu prijesni hljeb sedam dana. Na isti način, nakon što mi prihvatimo Isusa Hrista i primimo Svetog Duha, mi duhovno moramo da jedemo prijesni hljeb da bi dostigli potpuno spasenje.

Duhovno jesti prijesni hljeb znači da se odreknemo svijeta i da uzmemo teži put. Nakon što prihvatimo Isusa Hrista, mi treba da spustimo sebe i da idemo težim putem da bi dostigli potpuno spasenje sa poniznim srcem.

Da jedemo prijesni hljeb umjesto hljeb sa kvascem, je da preuzimamo širok i lakši način u potrazi za besmislenim stvarima ovog svijeta kao neko po svom nahođenju. Očigledno je da ako osoba preuzme ovaj način neće dobiti spasenje. Zbog toga Bog kaže da će oni koji jedu hljeb sa kvascem biti odsječeni od Izraela.

Onda, koju nam lekciju danas donosi Post prijesnim hljebom?

**Prvo, mi uvijek treba da se sjećamo i da dajemo zahvalnost za ljubav Božju i milost spasenja koju smo slobodno dobili u iskupljenju Isusa Hrista.**

Izraelci se sjećaju vremena ropstva u Egiptu dok jedu prijesni hljeb sedam dana i daju zahvalnost Bogu što ih je spasio. Slično tome, mi vjernici, koji smo duhovni Izraelci, moramo da se sjećamo milosti i ljubavi Božje koji nas je vodio na put vječnog života i da dajemo zahvalnost u svim stvarima.

Mi moramo da se sjećamo dana kada smo sreli i iskusili

Boga i dana kada smo se opet rodili sa vodom i Duha i da damo zahvalnost Bogu na sjećanje na Njegovu milost. Ovo je isto kao i održavanje duhovnog nivoa u Postu prijesnim hljebom. Oni koji su zaista dobri u srcima neće nikada zaboraviti bilo koju od milosti koju su dobili od Gospoda. Ovo je dužnost ljudi i ovo su djela lijepog srca i dobrote.

Sa ovim dobrim srcem, ma koliko da je sadašnja realnost teška, mi nikada nećemo zaboraviti ljubav i milost već ćemo dati zahvalnost za Njegovu milost i uvek ćemo se radovati.

To je bio slučaj sa Avakumom, koji je bio aktivan za vrijeme vladavine kralja Josija negde oko 600.godine prije Nove ere.

> *Jer smokva neće cvasti, niti će biti roda na lozi vinovoj; rod će maslinov prevariti, i njive neće dati hrane, ovaca će nestati iz tora, i goveda neće biti u oboru. Ali ću se ja radovati u GOSPODU, veseliću se u Bogu spasenja svog* (Avakum 3:17-18).

Njegova zemlja Judeja je morala da se suoči sa opasnostima od Haldejaca (Vaviloncima) i prorok Avakum morao je da vidi kako njegova zemlja pada ali radije nego da padne u očaj, Avakum je prinosio pjesme zahvalnosti i slave Bogu.

Slično tome, bez obzira na našu situaciju ili uslovima života, sa samo jednom činjenicom da smo spašeni uz Božju milost bez nadoknade, mi možemo da budemo zahvalni iz dubine naših srca.

**Drugo, mi ne treba po navici da nastavimo da živimo u vjeri niti da nazadujemo ka bivšem suvom načinu života niti da živimo hrišćanski život koji nema napretka niti promjena.**

Prativši marljiv život kao hrišćani je način na koji mi treba da ostanemo kakvi jesmo. To je stagniran život bez kretanja i promjena. To znači da mi imamo mlaku i uobičajenu vjeru. To je pokazivanje formalnosti vjere, ber obrezivanja naših srca.

Ako smo mi hladni, mi ćemo možda dobiti neku vrstu kazne od Boga tako da mi možemo da se promjenimo i da budemo obnovljeni. Ali ako smo mlaki, mi se usaglašavamo sa svijetom i ne pokušavamo da odbacimo grijehove. Mi nećemo svjesno i lako da napustimo Boga u potpunosti zato što smo primili Svetog Duha i mi dobro znamo da postoji nebo i pakao.

Ako mi osjetimo naše nedostatke, mi ćemo se moliti Bogu za njih. Ali oni koji su mlaki ne pokazuju nikakav entuzijazam. Oni postaju „oni koji idu u crkvu."

Oni će možda imati nevolje i osjećaće bol i napetost u svojim srcima, ali kako vrijeme prolazi, čak i ova osjećanja će nestati.

*„Tako, budući mlak, i nisi ni studen ni vruć, izbljuvaću te iz usta Svojih"* (Otkrivenje Jovanovo 3:16). Kao što je rečeno, onda oni ne mogu biti spašeni. Zbog toga nam Bog ukazuje da se pridržavamo različitih posta s vremena na vreme da prjoverimo našu vjeru i da dostignemo potpuni rast i da odrastemo u mjeri vjere.

Treće, mi uvijek treba da čuvamo milost prve ljubavi. Ako je izgubimo, mi treba da mislimo na o tome kada smo pali, pokajemo se i brzo povratimo prva djela.

Svako ko je prihvatio Gospoda Isusa mogao je da iskusi milost prve ljubavi. Milost i ljubav Boga je toliko velika da svaki dan u životu će sam po sebi biti radost i sreća.

Baš kao što roditelji očekuju da će njihova djeca porasti, Bog takođe očekuje da će Njegova djeca imati čvršću vjeru i da će dostići veće mjere vjere. Ali ako izgubimo milost prve ljubavi do neke mjere, naš entuzijazam i ljubav će se možda ohladiti. Čak i kada se molimo, mi ćemo ti samo činiti kao osjećaj dužnosti.

Sve dok ne dostignemo cijeli, potpuni i ispunjeni nivo posvijećenosti, ako mi predamo naše srce Sotoni, mi ćemo možda izgubiti prvu ljubav u bilo koje vrijeme. Prema tome, ako smo izgubili milost revnosne prve ljubavi, mi treba da pronađemo razlog i da se brzo pokajemo i okrenemo od toga.

Mnogi ljudi kažu da je hrišćanski put uzan i težak ali Ponovljeni Zakon 30:11 govori: *"Jer zapovijest koju ti ja zapovijedam danas niti je visoko ni daleko od tebe."* Ako mi razumijemo iskrenu ljubav Boga, životni put u vjeri nikada neće biti težak. To je zato što sadašnja patnja ne može da se uporedi sa slavom koja će nam kasnije biti data. Mi možemo da budemo srećni kada zamišljamo tu slavu.

Prema tome, ako vjernici koji žive za vrijeme poslednjih dana, mi uvijek treba da se pokorimo riječi Božjoj i živimo sve vrijeme u svjetlosti. Ako ne idemo širokim putem svijeta već teškim putem u vjeri, mi ćemo moći da uđemo u zemlju Hanan gdje protiče mleko i med.

Bog će nam dati milost spasenja i radost prve ljubavi. On će nas blagosloviti da ispunimo posvećenje i kroz naš marš u vjeri, On će dozvoliti da uzmemo na silu vječno nebesko kraljevstvo.

Poglavlje 10

# Život u poslušnosti i blagoslovi

## Ponovljeni Zakon 28:1-6

*„Ako dobro uzaslušaš glas GOSPODA Boga svog držeći i tvoreći sve zapovijesti Njegove, koje ti ja danas zapovjedam, uzvisiće te GOSPOD Bog tvoj više svih naroda na zemlji. I doći će na te svi ovi blagoslovi, i steći će ti se, ako uzaslušaš glas GOSPODA Boga svog: Blagosloven ćeš biti u gradu, i blagosloven ćeš biti u polju. Blagosloven će biti plod utrobe tvoje, i plod zemlje tvoje i plod stoke tvoje, mlad goveda tvojih i stada ovaca tvojih. Blagoslovena će biti kotarica tvoja i naćve tvoje. Blagosloven ćeš biti kad dolaziš i blagosloven ćeš biti kad polaziš."*

Istorija Izlazka Izraelaca nam donosi vrijedne lekcije. Baš kao što su se desile pošasti nad Faraonom i Egiptom zbog njihove neposlušnosti, na putu u zemlju Hanan ljudi Izraela su patili u iskušenjima i nisu uspjeli da imaju napredak zato što su stali protiv volje Boga.

Oni su bili pošteđeni od pošasti smrti prvorođenčadi kroz Pashu. Ali, kada nisu imali vodu za piće i hranu za jelo na njihovom putu ka Hananu, oni su počeli da se žale.

Oni su napravili zlatno tele i njemu služili i davali su loše izjave o obećanoj zemlji; oni su čak i ustali protiv Mojsija. Sve je to bilo zato što oni nisu gledali ka zemlji Hanan sa očima vjere.

Kao rezultat, prva generacija Izlazka, osim Isusa Navina i Haleva, svi su umrli u pustinji. Samo su Isus Navin i Halev vjerovali obećanju Božjem i Njemu se povinovali i oni su ušli u zemlju Hanan sa drugom generacijom Izlazka.

## Blagoslov ulaska u zemlju Hanan

Pošto je prva generacija Izlazka bila dio generacije koja je rođena i koja je odrasla u Jevrejskoj kulturi Egipta oko 400 godina, oni su izgubili mnogo svoje vjere u Boga. Takođe, velika količina zla je bila posađena u njihovim srcima dok su prolazili kroz proganjanja i patnju.

Ali Izraelci druge generacije Izlazka su učeni riječi Božjoj pošto su bili mladi. Zato što su bili svjedoci mnogih moćnih djela Božjih, oni su se mnogo razlikovali od generacije njihovih roditelja.

Oni su razumijeli zašto generacija njihovih roditelja nije mogla da uđe u zemlju hanan već su morali da ostanu u pustinji 40 godina. Oni su bili potpuno spremni da se povinuju riječi Božjoj i njihovom vođi sa iskrenom vjerom.

Za razliku od generacije njihovih roditelja koji su se stalno žalili čak i kada su iskusili brojna dela Božja, oni su obećali da će se u potpunosti povinovati. Oni su priznali da će se u potpunosti povinovati Isusu Navinu koji je naslijedio Mojsija sa voljom Božjom.

> *Slušaćemo te kako smo slušali Mojsija; samo neka GOSPOD Bog tvoj bude s tobom kao što je bio s Mojsijem. Ko bi se protivio tvojoj zapovjesti i ne bi slušao riječi tvoje u svemu što mu zapovjediš, neka se pogubi; samo budi slobodan i hrabar* (Isus Navin 1:17-18).

40 godina u pustinji za vrijeme kojih su Izraelci lutali naokolo, nije bilo samo vrijeme kazne. Bilo je to vrijeme duhovnog treniranja za drugu generaciju Izlazka koja će ući u zemlju Hanan.

Prije nego što nam Bog daje blagoslove, On dozvoljava mnogo različite vrste duhovnog treniranja kako bi mi mogli da imamo duhovnu vjeru. To je zato što bez duhovne vjere, mi ne možemo da dobijemo spasenje i mi ne možemo da idemo u nebesko kraljevstvo.

Takođe, ako nam Bog daje blagoslove prije nego što imamo duhovnu vjeru, moguće je da će se većina nas vratiti svijetu. Tako da, Bog pokazuje nevjerovatna djela Njegove moći i ponekad dozvoljava vatrena iskušenja kako bi naša vjera mogla da raste.

Prva prepreka u poslušnosti sa kojom se druga generacija Izlaska suočila je rijeka Jordan. Rijeka Jordan protiče između zemlje Moava i Hanan i u to vrijeme tok je bio veoma jak i često je potapao njihove nasipe.

Ovde, šta je Bog rekao? On je rekao svještenicima da ponesu kovčeg Zavjeta i da zakorače kao vođe u prvom koraku u rijeci. Odmah nakon što su ljudi čuli volju Boga kroz Isusa Navina, oni su hodali ka rijeci Jordan bez ustezanja, sa svještenikom na čelu.

Zato što su oni vjerovali u sve-poznatog i sve-moćnog Boga, oni su mogli da se povinuju bez sumnja i žalbi. Kao rezultat, kada su stopala svještenika koji su nosili kovčeg Zavjeta dotakla vodu na ivici rijeke, tok vode je stao i oni su mogli da je pređu po suvoj zemlji.

Takođe, oni su uništili grad Jerihon za kojeg se govorilo da je neosvojiva tvrđava. Za razliku od danas, kako oni nisu imali moćno oružje, bilo je čak i nemoguće da se unište moćne zidine, što su u stvari bili dva sloja zidova.

Čak i sa svom svojom snagom, to bi bio strašno težak zadatak da se to uništi. Ali Bog im je rekao da samo marširaju okolo grada jednom dnevno šest dana i na sedmi dan da ustanu rano i da marširaju sedam puta a onda da viču jakim glasom.

U situaciji gdje su neprijateljske sile zauzele stav na vrh zidova, druga generacija Izlazka počela je da maršira okolo grada bez ustezanja.

Bilo je moguće da su neprijatelji mogli da bacaju njihove strijele na njih ili da su krenuli svim silama na njih. Ipak u opasnim situacijama oni su se povinovali sa riječju Božjom i samo su marširali okolo grada. Čak i jaki zidovi su morali da se sruše kada su se ljudi Izraela povinovali riječi Božjoj.

## Dobiti blagoslov kroz poslušnost

Poslušnost može da prevaziđe bilo koju vrstu situacije. To je prolaz da se pokaže nevjerovatna moć Božja. Iz ljudske perspektive, mi možda mislimo da je nemoguće da se posluša određena stvar. Ali prema Bogu, ne postoji ništa što ne možemo poslušati i Bog je svemoguć.

Da bi pokazali ovu vrstu poslušnosti, baš kao što moramo da ispečemo jagnje nad vatrom, mi moramo da čujemo i da razumijemo riječ Božju u potpunosti uz inspiraciju Svetog Duha.

Takođe, baš kao što su Izraelci održavali Pashu i Post prijesnim hljebom kroz generacije, mi uvijek treba da se sjećamo riječi Božje i da je imamo u našim mislima. Naime, mi treba stalno da obrezujemo naše srce sa riječju Božjom i da odbacimo grijehove i zlo sa našom zahvalnošću za milost spasenja.

Samo onda nama će biti data iskrena vjera i pokazaćemo savršena djela poslušnosti.

Možda će postojati neke stvari kojima ne možemo da se povinujemo sa našim teorijama, znanjem, ili sa zdravim ljudskim razumom. Ali volja Božja je da se mi ipak povinujemo čak i u ovim stvarima. Kada mi pokažemo ovu vrstu povinovanja, Bog nam pokazuje velika djela i čudesne blagoslove.

U Bibliji, mnogi ljudi su dobili nevjerovatne blagoslove kroz svoje povinovanje. Danilo i Josif du dobili blagoslove zato što su imali čvrstu vjeru u Boga i čak i pred smrt, oni su samo održavali riječ Božju. Takođe i kroz Avrama, Oca Vjere, mi možemo da vidimo koliko je Bogu drago kada vidi one koji se povinuju.

### Blagoslovi dati Avramu

> *Sada GOSPOD reče Avramu: „Idi iz zemlje svoje i od roda svog i iz doma oca svog u zemlju koju ću ti ja pokazati; I učiniću od tebe velik narod, i blagosloviću te, i ime tvoje proslaviću, i ti ćeš biti blagoslov"* (Postanak 12:1-2).

U to vrijeme, Avram je imao sedamdeset i pet godina, on svakako nije bio mlad. Naročito, nije bilo lako za njega da napusti svoju zemlju i da se odvoji od svojih rođaka pošto nije imao sinove da budu njegovi naslijednici.

Bog nije čak i odredio mjesto gdje da ide. Bog mu je samo zapovijedio da ide. Ako je iskorišćena ljudska misao, bilo je veoma teško da se povinuje. On je morao da ostavi iza sve što je stekao i da ode na neko potpuno strano mjesto.

Nije lako da ostavimo sve i da u potpunosti odemo na neko novo mjesto, čak iako postoji prava garancija o budućnosti. I koliko mnogo ljudi može zaista da ode i da ostave sve što su do sada imali, kada njihova budućnost nije jasna? Ali Avram se samo povinovao.

Ali bila je još jedna prilika gdje je Avramovo povinovanje zasijalo svojim svjetlom još blistavije. Da bi dobio Avramovo povinovanje još savršenije, Bog je dozvolio njemu testove da bi mu dao blagoslove.

Naime, Bog mu je zapovijedio da prinese jedinog sina Isaka kao žrtvu paljenicu. Isak je bio mnogo dragocijen sin Avramu. On je bio vrijedniji čak i više od njega samog, ali on se povinovao bez uzdržanja.

Nakon što mu se Bog obratio, mi nailazimo u Postanak 22:3 da sljedećeg dana, on je ustao rano ujutro i pripremio je stvari da prinese Bogu žrtvu paljenicu i otišao je na mjesto na koje mu je Bopg rekao da ide.

Ovaj put, bio je to veći nivo povinovanja od onoga gdje je morao da napusti svoju zemlju i očevu kuću. U to vrijeme, on se samo povinovao a da nije znao volju Božju. Ali kada mu je Bog rekao da prinese Isaka kao žrtvu paljenicu, on je razumio Božje srce i povinovao se Njegovoj volji. U Poslanici Jevrejima 11:17-19 zapisano je kako je on vjerovao čak i kada prinese sina kao žrtvu paljenicu, Bog će ga oživjeti jer je on bio obećano sjeme od Boga.

Bog je bio očaran sa ovom vjerom Avrama i On sam je pripremio žrtvu paljenicu. Nakon što je Avram prošao ovaj test, Bog ga je pozvao Njegovim prijateljem i dao mu je velike blagoslove.

Čak i danas, voda nedostaje u okolini Izraela. Ona je čak i više nedostajala u to vrijeme u zemlji Hanan. Ali gdje god da je Avram išao, voda je bila u izobilju. I čak i njegov sinovac Lot, koji je sa njim boravio, je dobio tako veliki blagoslov.

Avram je imao mnogo stada i mnogo srebra i zlata; on je bio mnogo bogat. Kada je njegov sinovac bio zarobljen, Avram je uzeo 318 ljudi koji su bili odgajani u njegovoj kući i spasio je Lota. Samo gledajući na ovu činjenicu, mi možemo da vidimo koliko je on bio bogat.

Avram se povinovao riječi Božjoj. Zemljište i njena okolina su takođe dobili blagoslove i oni koji su bili sa njim su dobili blagoslove.

Kroz Avrama i njegov sin Isak je takođe dobio blagoslove i njegovi potomci su bili toliko brojni da su mogli da oforme naciju. Šta više, Bog mu je rekao da će Bog blagosloviti svakoga koga on blagoslovi i On će prokleti svakoga ko njega kune. On je bio toliko poštovan da su čak i kraljevi susjednih nacija njemu odavali poštovanje.

Avram je dobio sve vrste blagoslova koje neko može da primi na zemlji, uključujući bogatstvo, slavu, vlast, zdravlje i djecu. Baš kao što je zapisano u poglavlju 28 Ponovljenog Zakona, on je dobio blagoslove kada je ulazio i izlazio.

On je postao izvor blagoslova i otac vjere. Šta više, on je mogao duboko da razumije srce Boga i Bog je mogao da djeli Njegovo srce sa njim kao Njegov prijatelj. Koliko veliki blagoslov je ovo!

Zato što je Bog ljubav, On želi da svako postane kao Avram i da dostigne blagoslove i veličanstveno mjesto. Zbog toga je Bog dao da sve bude detaljno zapisano o Avramu. Ko god da prati njegov primjer i povinuje se riječi Božjoj može da primi iste blagoslove kada uđe i kada izađe baš kao što je Avram činio.

## Ljubav i pravda Boga koji želi da nas blagoslovi

Sve do sada mi smo pogledali na Deset pošasti koje su zadesile Egipat i Pashu koja je bila put spasenja za Izraelce. Kroz ovo mi možemo da razumijemo zašto se mi suočavamo sa nesrećama, kako možemo da ih izbjegnemo i kako možemo da budemo spašeni.

Ako mi patimo zbog problema ili bolesti, mi treba da razumijemo da je to svakako uzrokovano sa našom zlobom. Onda, mi moramo brzo da pogledamo na sebe i da odbacimo sve oblike zla. Takođe, kroz Avrama, mi možemo da razumijemo koje čudesne i nezamislive blagoslove Bog daje onima koji se Njemu povinuju.

Postoje uzroci za sve nesreće. U skladu sa time koliko ih mi razumijemo sa srcem, okrenemo se od grijeha i zla, promjenimo sebe, rezultat će biti veoma različit. Neki ljudi će samo plaćati penale za svoja pogrešna djela, dok će neki drugi pronaći u svojim srcima tamu i mrak kroz patnju i imaće priliku da promjene sebe.

U knjizi Ponovljeni Zakon, poglavlje 28, mi možemo da nađemo upoređenje između blagoslova i kletve koje će doći na nas u situacijama poslušnosti i neposlušnosti prema riječi Božjoj.

Bog želi da nam da blagoslove ali kako je On rekao u knjizi Ponovljeni Zakon 11:26: *„Gle, iznosim danas pred vas blagoslov i prokletstvo,"* izbor je na nama. Ako posadimo pasulj, pasulj će niknuti. Slično tome, mi patimo zbog nesreća koje donosi Sotona kao rezultat naših grijehova. U ovom slučaju, Bog mora da dozvoli da se nesreće dogode u skladu sa Njegovom pravdom.

Roditelji žele da njihovoj djeci ide dobro i oni govore: „Uči naporno," „Živi pravednim životom," „Povinuj se saobraćajnim znakovima" i tako dalje. Sa ovom vrstom srca, Bog je nama dao Njegove zapovijesti i On želi da se mi njima povinujemo. Roditelji nikada ne žele da ih njihova djeca ne slušaju i da padnu na put neuspjeha i uništenja. Slično tome, nikada nije volja Božja da mi patimo od nevolja.

Prema tome, ja se molim u ime Gospoda Isusa Hrista da vi razumijete da volja Božja za Njegovu djecu nije nesreća već blagoslov i da kroz život u povinovanju, vi ćete dobiti blagoslove kada uđete i kada izađete i da će vam sve dobro ići.

Autor:
## Dr. Džerok Li (Jaerock Lee)

Dr. Džerok Li je rođen u Muanu, Džeonam provinciji, Republika Koreja, 1943. godine. U svojim dvadesetim, Dr. Li je sedam godina patio od mnoštva neizlječivih bolesti i iščekivao smrt bez nade za oporavak. Jednog dana u proleće 1974. god, njegova sestra ga je odvela u crkvu i kad je kleknuo da se pomoli, Živi Bog ga je momentalno izliječio od svih bolesti.

Od trenutka kad je Dr. Li sreo živog Boga kroz to divno iskustvo, on je zavolio Boga svim svojim srcem i iskrenošću, a u 1978. god., je pozvan da bude sluga Božji. Molio se revnosno uz nebrojene molitve u postu kako bi mogao jasno da razumije volju Božju, u potpunosti je ispuni i posluša Riječ Božju. Godine1982. je osnovao Manmin centralnu crkvu u Seulu, Koreja, i bezbrojna djela Božja uključujući čudesna isceljenja, znaci i čuda se ot tada dešavaju u njegovoj crkvi.

U 1986. god. Dr. Li je zaređen za pastora na godišnjem Zasedanju Isusove Sungkjul crkve Koreje, i četiri godine kasnije u 1990.god. njegove propovjedi su počele da se emituju u Australiji, Rusiji i na Filipinima. U kratkom vremenskom periodu i mnogim drugim zemljama je bio dostupan preko Radio difuzne kompanije Daleki Istok, Azija radio difuzne kompanije i Vašingtonskog hrišćanskog radio sistema.

Tri godine kasnije, 1993.god., Manmin centralna crkva je izabrana za jednu od "Svetskih top 50 crkava" od strane magazina Hrišćanski svijet (Christian World) a on je primio počasni doktorat bogoslovlja od Koledža hrišćanske vjere, Florida, SAD, i 1996.god. Doktorat iz Službe od Kingsvej teološke bogoslovije, Ajova, SAD.

Od 1993.god., dr. Li prednjači u svjetskoj evangelizaciji kroz mnogo inostranih pohoda u Tanzaniji, Argentini, Los Andelesu, Baltimoru, Havajima i Nju Jorku u Sjedinjenim Američkim Državama, Ugandi, Japanu, Pakistanu, Keniji, Filipinima, Hondurasu, Indiji, Rusiji, Njemačkoj, Peruu, Demokratskoj Republici Kongo, Izraelu i Estoniji.

U 2002. godini bio je priznat kao „svjetski obnovitelj" zbog njegovih snažnih svješteničkih službi u mnogim prekomorskim pohodima od strane hrišćanskih novina u Koreji. Izvanredan je bio njegov „Njujorški pohod 2006. god" održan u Medison skver gardenu, najpoznatijoj svjetskoj areni. Događaj je prenosilo 220 nacija a na njegovom „Pohodu ujedinjeni Izrael 2009. god." održanom u Međunarodnom kongresnom centru (ICC) u Jerusalimu on je hrabro oglasio da je Isus Hrist Mesija i Spasitelj.

Njegove propovijedi emitovane su za 176 nacija putem satelita uključujući GCN TV i bio je svrstan kao jedan od „Top 10 najuticajnijih hrišćanskih vođa" 2009-e i 2010-e godine od strane popularnog Ruskog hrišćanskog časopisa *U Pobjedu (In Victory)* i novinske agencije *Hrišćanski Telegraf (Christian Telegraph)* za njegovu moćnu svješteničku službu TV emitovanja i njegove inostrane crkveno pastorske službe.

Od Mart 2018.god., Manmin Centralna Crkva ima zajednicu od preko 130.000 članova. Postoji 11 000 ogranaka crkve širom planete uključujući 56 domaćih ogranaka crkve i do sad više od 102 misionara su opunomoćena u 23 zemlje, uključujući Sjedinjene Države, Rusiju, Njemačku, Kanadu, Japan, Kinu, Francusku, Indiju, Keniju i mnoge druge.

Do datuma ovog izdanja Dr. Li je napisao 110 knjige, uključujući bestselere: *Probanje Vječnog Života Prije Smrti, Moj Život, Moja Vjera I i II, Poruka sa Krsta, Mjera Vjere, Raj I & II, Pakao*, i *Moć Božja*. Njegove knjige su prevedene na više od 76 jezika.

Njegove Hrišćanski rubrike se pojavljuju u *Hankok Ilbo, JongAng dnevniku, Dong-A Ilbo, Hankyoreh Shinmun, Seul Šinmunu, Kjunghjang Šinmun, Korejski Ekonomski Dnevnik, Koreja Glasnik, Šisa Vijesti*, i *Hrišćanskoj Štampi*.

Dr. Li je trenutno na čelu mnogih misionarskih organizacija i udruženja U tu poziciju spadaju: Predsjedavajući, Ujedinjene svete crkve Isusa Hrista; stalni predsjednik, Udruženje svijetske hrišćanske preporodne službe; osnivač i predsjednik odbora, Globalna hrišćanska mreža (GCN); osnivač i član odbora, Mreža svjetskih hrišćanskih lekara (WCDN); i osnivač i član odbora, Manmin internacionalna bogoslovija (MIS).

## Druge značajne knjige istog autora

### Raj I & II

Detaljna skica predivne životne okoline u kojoj rajski stanovnici uživaju i preljepi opisi različitih nivoa nebeskih kraljevstva.

---

### Poruka sa Krsta

Moćna probuđujuća poruka za sve ljude koji su duhovno uspavani! U ovoj knjizi naći ćete razlog da je Isus jedini Spasitelj i iskrenu ljubav Božju.

---

### Pakao

Iskrena poruka cijelom čovječanstvu od Boga, koji želi da čak ni jedna duša ne padne u dubine Pakla! Otkrićete nikad do sad otkriveni iskaz o okrutnoj stvarnosti Nižeg Hada i Pakla.

---

### Duh, Duša i Tijelo I & II

Vodič koji nam daje duhovno objašnjenje duha, duše i tijela i pomaže nam da pronađemo kakvog „sebe" smo mi načinili da bi mogli da dobijemo moć da pobjedimo mrak i postanemo duhovna osoba.

*Mjera Vjere*

Kakvo mjesto stanovanja, kruna i nagrade su spremne za vas u Raju? Ova knjiga obezbjeđuje mudrost i smjernice za vas da izmjerite vašu vjeru i gajite najbolju i najzreliju vjeru.

*Probuđeni Izrael*

Zašto Bog upire Svoje oči na Izrael od početka svijeta pa do današnjeg dana? Kakvo Njegovo proviđenje je spremljeno za Izrael u poslijednjim danima, koji očekuje Mesiju?

*Moj život, Moja Vjera I & II*

Najmirisnija duhovna aroma izvučena iz života koji je cvjetao sa neuporedivom ljubavlju za Boga, u sred crnih talasa, hladnih okova i najdubljeg očaja

*Moć Božja*

Obavezno-pročitati, koja služi kao suštinski vodič po kojem čovjek može posjedovati pravu vjeru i iskusiti čudesnu moć Božju.

www.urimbooks.com

www.ingramcontent.com/pod-product-compliance
Lightning Source LLC
LaVergne TN
LVHW092047060526
838201LV00047B/1276